Ulrich Schweiger | Valerija Sipos

Depressionen verstehen – mit Depressionen leben

Ulrich Schweiger | Valerija Sipos

Depressionen verstehen – mit Depressionen leben

Der Ratgeber für Betroffene
und Angehörige

FREIBURG · BASEL · WIEN

Für die Inhalte verlinkter Webseiten übernimmt der Verlag keine Haftung, da für diese ausschließlich deren Vertreiber verantwortlich sind.

© Verlag Herder GmbH, Freiburg im Breisgau 2020
Alle Rechte vorbehalten
www.herder.de

Satz: de·te·pe, Aalen
Herstellung: GGP Media GmbH, Pößneck
Vermittelt durch Agentur Stefan Linde

Printed in Germany

ISBN 978-3-451-60040-1

Inhalt

Vorwort in Zeiten von Covid-19	7
Einführung	11
Depression als Notfall	**15**
Wann ist Depression ein Notfall?	15
Die vielfältigen Formen von Depression	**23**
Habe ich eine Depression?	26
Depression: Die Kriterien der Diagnose	30
Zusammenfassung der Diagnostik	41
Die vielen Gesichter von Depression:	
Spezifikationen und Subtypen	**45**
Schweregrad	45
Verlauf	45
Bipolare Störung	46
Melancholische Depression oder atypische Depression?	47
Depression mit psychotischen Merkmalen	48
Depression nach einer Geburt	48
Saisonale Depression	49
Mit Depression verbundene Erkrankungen (Komorbidität)	49
Symptome von Depression, die nicht zur Diagnose	
verwendet werden	52
Risikofaktoren für Depression	**69**
Die Aufrechterhaltung von Depression	**73**
Verstärkerverlust	73
Zwischenmenschliche Fertigkeitendefizite	79
Defizite in der Emotionsregulation	82
Problematische metakognitive Strategien	86

Ein Unglück kommt selten allein:
Kontext von Depression 91
Krankheitsverhalten bei Infektion und Entzündung 91
Chronischer Stress 94
Einsamkeit 96
Traumatische Ereignisse 98
Hierarchie-Konflikte 101
Trauer 105
Liebeskummer 107
Postpartum Depression 110
Saisonale Depression 112
Depression aufgrund von chemischen Einflüssen 114
Körperliche Erkrankung 116
Mangelernährung 118

Was bei Depression hilft: Wirkprinzipien 121
Werden Sie wieder aktiv 121
Sport und Bewegung 134
Interpersonelle Fertigkeiten üben 140
Metakognitive Fertigkeiten üben 152
Exposition 164
Wissen über Emotionen erwerben 165
Emotionsliste 169
Antidepressive Medikamente einnehmen 183
Medizinische Therapien überprüfen 197
Therapieangebote bei Depression –
Verfahren und Methoden 200
Was bei Depression hilft: Therapieangebote und Settings ... 210

Zusammenfassung und Ausblick 217

Danksagung 219

Literatur 221

Vorwort in Zeiten von Covid-19

Dieses Buch wurde im Jahr 2018 auf Anregung von Stefan Linde und Tino Heeg konzipiert und in der ersten Hälfte des Jahres 2020 abgeschlossen. Es richtet sich zuerst an Menschen, die an Depression erkrankt sind, und ihr Umfeld von Angehörigen und Freunden. Erste Rückmeldungen zum Manuskript sagen aber auch, dass man als Fachfrau oder Fachmann interessante Anregungen aus dem Buch mitnehmen kann. Das Buch beinhaltet etwas, das wir in anderen Büchern mit ähnlicher Zielsetzung nicht gefunden haben, nämlich genaue Informationen zu dem Lernprozess, den man durchlaufen muss, wenn man eine depressive Erkrankung bewältigen möchte. Weiterhin berücksichtigt das Buch die in den letzten beiden Jahrzehnten entwickelten neuen spezifischen Therapiemethoden für Depression. Wir stellen das gesamte Spektrum der Depression mit seinen vielfältigen Erscheinungsbildern dar, mit sehr unterschiedlichen Schweregraden, Verlaufsformen und Kontexten. Diese Information hilft Ihnen, Ihre eigene Erkrankung oder die Ihres Partners, Freundes oder Angehörigen besser einzuordnen und individuelle Behandlungsmaßnahmen anzuregen und zu unterstützen.

Covid-19 hat dieses Buch beschleunigt. Wir haben den Lockdown genutzt, anstatt zu reisen, uns auf die Fertigstellung des Buches zu konzentrieren, die vorher durch eine Vielzahl von Dingen, die »dazwischengekommen« waren, behindert wurde. So funktionierte bei all den Schwierigkeiten dieser globalen Katastrophe wenigstens etwas.

Auch wenn der Teil Deutschlands, in dem wir leben, von Covid-19 besonders wenig betroffen war, so hat die Pandemie doch für unsere Patienten und uns persönlich sehr hohe Belastungen gebracht. Daten aus den stark betroffenen Regionen der Welt zeigen eine deutliche Zunahme von depressiven Symptomen in der Allgemeinbevölkerung und von depressiven Erkrankungen und posttraumatischer Belastungsstörung bei denen, die wegen einer Covid-19-Infektion stationär behandelt wurden, sowie beim Pflegepersonal und Ärzten. Die Erfahrung von Tod, tödlicher Bedrohung und häufig der Hilflosigkeit dieser Erkrankung gegenüber hat hier ihre Spuren hinterlassen. Durch den Lockdown und die durch Covid-19 notwendigerweise veränderte Priorisierung medizinischer Leistungen war plötzlich stationäre Behandlung für depressive Erkrankungen sehr viel weniger verfügbar, was durch ambulante Behandlung nur teilweise kompensierbar war. Psychotherapie ist etwas völlig anderes, wenn man in zwei Meter Abstand sitzt und eine Schutzmaske trägt, die die Mimik nicht mehr sichtbar sein lässt. Auch Zugang zu anderen medizinischen Leistungen, wie die Behandlung von Tumorerkrankungen, war plötzlich viel schwerer und ebenfalls mit langen Wartezeiten verbunden. Kontakt zu Familienmitgliedern war nicht mehr wie früher möglich, Kontakte zu älteren und jüngeren Verwandten mussten sich auf Telefonanrufe beschränken, an Besuche oder gar Umarmungen war nicht mehr zu denken. Uli konnte sein neugeborenes Enkelkind erst mit einer Verzögerung von vier Monaten in den Arm nehmen. Valerija, die ihre Mutter pflegt, konnte, um sie zu schützen, nicht mehr mit ihr an einem Tisch essen. Viele Menschen fühlen sich hin- und hergerissen zwischen ihrem Bedürfnis, enge Kontakte zu pflegen, und dem Wunsch, gerade ältere Angehörige nicht in Gefahr zu bringen.

Wir haben alle versucht, aus der Not eine Tugend zu machen. In der deutschen Psychotherapie hat sich daraus eine schnelle Zunahme von Online-Therapien ergeben. Die hohe Akzeptanz hat uns dabei alle überrascht und hat uns zum Nachdenken gebracht, ob das eine bleibende Veränderung sein oder in einer neuen Normalität nach Covid-19 wieder verschwinden wird. Kongresse, Workshops und Seminare, sogar Selbsterfahrung wurden ins Internet verlegt. Es war unsere Befürchtung, dass dies mit einer Verschlechterung der Qualität verbunden sein könnte, wir haben jedoch die Erfahrung gemacht, dass plötzlich viele neue Teilnehmer da waren und Wünsche aufkamen, dass dieses Format auch in Zukunft fortlebt.

In Zeiten von Gefahr und Bedrohung hilft es Geschichten zu erzählen, um sich das gesamte Spektrum der Welt und ihrer Möglichkeiten gegenwärtig zu machen und dadurch vielleicht »seinen Kopf zu retten«. In der Weltliteratur findet sich das beispielsweise im Decamerone, das im durch die Pest bedrohten Florenz spielt, oder in Tausendundeine Nacht, in der Scheherazade durch das Erzählen von immer neuen Geschichten erfolgreich verhindert, dass sie von ihrem Ehemann, einem von heftiger Eifersucht und Wut geplagten König, getötet wird. Unser Buch ist keine Novellensammlung, sondern ein an medizinischer Evidenz orientiertes Sachbuch. Gleichzeitig erzählen wir wie diese Vorbilder eine große Zahl von kleinen »wahren Geschichten«, die das, was bei Depression passiert, erlebbar und emotional nachvollziehbar machen. Wenn Sie oder andere Personen aus Ihrer Umgebung eine depressive Erkrankung haben, dann werden Sie sich wahrscheinlich in den Geschichten wiedererkennen und natürlich auch die Bewältigungsstrategien, die in den Erzählungen angelegt sind, wahrnehmen. Das ist unser größter Wunsch: Sie nutzen die Informationen und die Erzählungen des Buches, um Ihr Leben in eine lebenswerte Richtung zu verwandeln.

Lübeck und Stralsund im August 2020   Ulrich Schweiger
                                                   Valerija Sipos

Einführung

Jedes Kind hat heutzutage schon etwas von Depression gehört. Das Wort Depression ist zu einem Alltagsbegriff geworden. Aus diesem Grund glauben viele Erwachsene, dass wir es hier mit einem ausgereiften Konzept zu tun haben, einer umfassend erforschten Erkrankung mit eindeutigen Behandlungsmethoden. Leider stimmt das nicht. Selbst Fachleute haben nur ein unvollständiges, zum Teil widersprüchliches Verständnis von Depression. Es geht ihnen wie den blinden Männern in einem südostasiatischen Gleichnis, die einen Elefanten betasten und zu ganz unterschiedlichen Aussagen darüber kommen, wie dieser aussieht.

Natürlich wissen wir heute sehr viel mehr über die Erkrankung als vor 20 Jahren. Es sind viele neue kleine Details bekannt geworden, die für manchen Leser dieses Buchs, der an Depression leidet, unglaublich nützlich sein werden. Sie treffen aber nicht immer auf alle Betroffenen zu. Depression ist ein Konzept in Entwicklung. Es fasst viele wichtige Dinge zusammen. Dabei gibt es »die Depression« so wenig, wie es »den Hund« gibt. Ein zwei Kilogramm schwerer Chihuahua und ein 40 Kilogramm schwerer französischer Schäferhund sind genetisch sehr ähnlich, haben aber viele unterschiedliche Eigenschaften und Verhaltensweisen. Ähnlich wie bei der Entwicklung von Expertise für Hunde ist es deshalb klug, Depression als ein Konzept zu verstehen, das sehr unterschiedliche Dinge zusammenfasst. Nachdenken über »das Wesen der Depression« reicht deshalb nicht aus. So wie es auch nicht hilfreich ist, über »das Wesen des Hundes« nachzudenken, um mit den Eigenheiten eines ganz konkreten Hundes zurechtzukommen.

Aus diesem Grund kann es auch nicht »die eine« Depressionsbehandlung geben. Jede der von Fachleuten vorgeschlagenen Behandlungsmethoden hilft bei etwa 20 bis 40 Prozent der Patientinnen und Patienten. Das ist leider nicht viel und für sich betrachtet ziemlich unbefriedigend. Deshalb ist es für einen Menschen, der an Depression leidet, sinnvoll und häufig unumgänglich, unterschiedliche Behandlungsanläufe zu unternehmen, bis er oder sie die hilfreiche Behandlung für sich gefunden hat.

Wir möchten in diesem Buch verschiedene Störungsmodelle[1] vorstellen, die eine Grundlage für eine funktionierende Depressionsbehandlung darstellen. Damit möchten wir Sie unterstützen, für sich selbst besser herauszufinden, was auf Sie zutrifft, welches Störungsmodell für Sie persönlich hilfreich ist. Das ermöglicht Ihnen, genau die Veränderungen in Ihrem Leben vorzunehmen, die für die Bewältigung der Depression bei Ihnen erforderlich sind, und die Therapie zu bekommen, die zu Ihnen passt.

Dieses Buch gibt die fachliche und persönliche Meinung der Autoren wieder. Es hat nicht die Absicht, die allgemeine Meinung der deutschen oder internationalen Psychiatrie und Psychotherapie wiederzugeben. Die Ergebnisse dieses Konsensusprozess findet sich in den entsprechenden Leitlinien, die im Netz frei zugänglich und in wichtigen Teilen auch für Laien verständlich sind (APA, 2010; Bundesärztekammer (BÄK), 2016; DGPPN, 2015; NICE, 2020). Um die verschiedenen Störungsmodelle der Depression darzustellen und die entspre-

---

1 Ein Störungsmodell beschreibt, wie eine Erkrankung entsteht und aufrechterhalten wird. Dabei konzentriert es sich jeweils auf zentrale Faktoren, die aus der jeweiligen Perspektive eine Schlüsselrolle für Entstehung oder Aufrechterhaltung haben. Störungsmodelle sind einerseits reduktionistisch, andererseits für eine auf das Wesentliche konzentrierte Therapie unabdingbar.

chenden behandlungsrelevanten Schritte zu verdeutlichen, werden wir Ihnen zahlreiche Personen vorstellen, die an Depression in ihren verschiedenen Varianten leiden. Wir werden diese Beispiele später immer wieder aufgreifen, um spezifische Sachverhalte verständlich zu machen. Diese Beispiele stützen sich auf unsere persönlichen praktischen Erfahrungen mit der Therapie von Patientinnen und Patienten mit Depression. Sie sind so verfremdet, dass konkrete Personen nicht erkennbar sind. Aus Gründen der besseren Lesbarkeit wird in diesem Buch neben der Doppelnennung auch verallgemeinernd das generische Maskulinum verwendet. Diese Formulierungen umfassen gleichermaßen weibliche und männliche Personen; alle sind damit selbstverständlich gleichberechtigt angesprochen.

Das Buch ist so gegliedert, dass Sie zunächst erfahren, was Sie in einer Notfallsituation bei sich selbst, einem Freund oder Verwandten tun können. Die nächsten Kapitel dienen dann dazu, dass Sie nachvollziehen können, wie die Diagnose einer Depression gestellt wird, was Depression aufrechterhält, was die Ansatzpunkte für Behandlung sind, was die ganze Fülle der Behandlungsmöglichkeiten ausmacht und was Sie dabei selbst tun können.

Depression als Notfall

Depression gibt es in allen Schweregraden und zeitlichen Verlaufsformen. Wenn Depression als Notfall auftritt, haben Sie möglicherweise nicht ausreichend Zeit, zuerst das ganze Buch zu lesen und dann differenzierte Entscheidungen zu treffen, Sie brauchen einen schnellen Plan und müssen rasch handeln.

Wann ist Depression ein Notfall?

Depression kann durch Suizidalität[2] akut bedrohlich sein. Eine akut sich verschlechternde Depression kann Gedanken auslösen wie »Ich wäre besser tot«, »Meine Familie wäre ohne mich besser dran, ich belaste sie nur«, »Es wäre o.k., wenn ich durch einen Unfall sterben würde«, »Ich sollte überlegen, wie ich mich am besten töte«, »Wenn ich heute Abend nach Hause komme, schlucke ich meinen gesamten Medikamentenvorrat«, »Ich fahre morgen zu einer Brücke, die nicht abgesperrt ist, und springe in die Tiefe«. Solche Gedanken können für sich vermehrt auftreten und trotz ihres bedrohlichen Inhalts zunächst harmlos sein. Wenn sie sich aber zu einem Entschluss weiterentwickeln und gleichzeitig mit Furchtlosigkeit und verfügbaren Mitteln zusammentun, dann wird es lebensgefährlich.

---

2 Wir sprechen hier bewusst von Suizidalität anstatt von Selbstmordgefährdung. Das Wort Selbstmord beinhaltet eine moralische Bewertung, die überholt ist und dem Charakter von Depression als Erkrankung nicht gerecht wird.

■ *Patrick, 30 Jahre*

Patrick ist Forstwirtschaftsmeister und verwaltet zusammen mit seinem Vater einen großen Forstbetrieb und einen Jagdbezirk. Patricks Eltern haben sich in seinem fünften Lebensjahr getrennt. Die Mutter leidet an einer bipolaren Störung. Er lebt seitdem beim Vater, die zwei Jahre ältere Schwester blieb bei ihrer Mutter. Patrick hat eine grundsätzlich gute Beziehung zu seinem Vater, schätzt seine ruhige Art und teilt seine Leidenschaft für den Wald. Die Eltern führten nach der Trennung einen erbitterten Streit um Geld und Umgangsrechte mit den Kindern. Bis beide Kinder volljährig waren, gab es regelmäßige Verhandlungen vor Familiengerichten. Häufig kamen Schreiben von Anwälten ins Haus und führten zu Beunruhigung in der getrennten Familie. Besonders schlimm für Patrick war, dass er seine große Schwester nie spontan sehen konnte. Patrick ging nach dem Abitur zur Bundeswehr, machte danach in einem anderen Forstbetrieb seine Ausbildung und kehrte anschließend in den Betrieb seines Vaters zurück. Seit fünf Jahren hat Patrick eine feste Freundin, Emma. Er lebt aber nicht mit ihr zusammen, sondern weiterhin bei seinem Vater. Emma ist 25 Jahre alt und studiert Sozialpädagogik. Sie teilt Patricks Leidenschaft für Outdoor-Aktivitäten, während gemeinsamer Wanderungen sind die beiden ein Herz und eine Seele. Im Alltag zuhause sind Konflikte häufig. Emma ist launisch und impulsiv, besonders wenn es Schwierigkeiten im Studium gibt. Patrick ist wenig hilfsbereit, wenn es um Haushaltsaufgaben geht, und reagiert aggressiv, wenn Anforderungen an ihn gestellt werden, die er »nicht einsieht«. An einem Abend eskaliert ein Streit und zieht sich bis nach Mitternacht hin. Patrick beschimpft Emma und Emma sagt: »Jetzt reicht es mir, ich trenne mich von Dir!« Patrick verlässt wortlos die Wohnung seiner Freundin. Zuhause sucht er nach dem Schlüssel für den Waffenschrank, holt eine Jagdwaffe und eine Pistole heraus, macht leise die Haustür zu, geht in den Wald, setzt sich auf einen Hochsitz und lädt beide Waffen. Sein Vater hatte Patrick im Halbschlaf kommen hören und wacht auf, als er die Tür zum zweiten Mal ins Schloss fallen hört. Intuitiv ist er sofort alarmiert. Er ruft nach Patrick, als er keine Antwort bekommt, steht er auf und geht ebenfalls in den Wald zu Patricks Lieblingsplatz. Dort findet er ihn auf dem Hochsitz.

Kommentar: Patrick hat keine chronische psychische Erkrankung. Gleichzeitig birgt die beschriebene Situation ein hohes Risiko für Suizid. Patrick ist ein Mann. Männer haben bereits für sich genommen ein erhöhtes Risiko für vollendete Suizide, weil sie in der Regel aggressivere Methoden einsetzen. Er hat vermutlich eine ausgeprägte erworbene Furchtlosigkeit, er besitzt Waffen und kann mit ihnen umgehen, er hat eine akute depressive Symptomatik, fühlt sich verzweifelt wegen der angedrohten Trennungssituation. Er hat traumatische Erfahrungen bezüglich der Auswirkungen einer Trennung. Seine Mutter leidet an einer bipolaren Störung, sodass man eine familiäre Belastung mit psychischen Störungen vermuten kann. Diese Faktoren zusammengenommen führen zu einer hoch gefährlichen, lebensbedrohlichen Situation.

Patricks Vater tut genau das Richtige. Er überredet seinen Sohn mit ruhiger Stimme, vom Hochsitz herunterzukommen und mit ihm mitzugehen. Er lässt sich erzählen, was zwischen Patrick und Emma passiert ist, sagt ihm, wie wichtig er für ihn ist, setzt sich mit ihm ins Auto und fährt mit ihm zur Notaufnahme der nächsten psychiatrischen Universitätsklinik. Dort sprechen Sie mit der Dienstärztin. Sie überzeugt Patrick von einem freiwilligen diagnostischen Aufenthalt. Patrick bleibt zehn Tage und beginnt unmittelbar anschließend mit einer ambulanten Psychotherapie.

Belastende Situationen (Trennung einer Partnerschaft, Aufkündigung einer Freundschaft, Ausschluss aus einer Gruppe, schwerwiegende Konflikte am Arbeitsplatz, juristische Auseinandersetzungen, Verlust des Arbeitsplatzes, Kündigung der Wohnung, Unfälle mit Verlust von Eigentum oder bleibenden Gesundheitsschäden, Nichtbestehen einer Prüfung oder einer Klasse, eigene plötzliche schwere Krankheit, schwere Erkrankungen oder Tod von Freunden, Partnern oder Angehörigen) können zu gefährlichen, akuten depressiven Krisen führen. Eine besondere Bedrohung ist hier Tod durch Suizid oder Risikoverhalten sowie andere überstürzte Entscheidungen.

■ *Eva, 40 Jahre*
Eva ist Agrarwissenschaftlerin und betreut ein Projekt im ländlichen Südostasien. Sie erkrankt dort mit hohem Fieber und Schüttelfrost. Ein lokaler Arzt diagnostiziert Malaria und behandelt sie mit den entsprechenden Medikamenten. Eva entschließt sich nach Deutschland zurückzufliegen. Während des Fluges fühlt sie sich elend und müde. Sie hat Alpträume, in denen sie – wie sie später erzählt – »den Weltuntergang erlebt«. Sie hört Stimmen, die ihr sagen: »Bring Dich um, bevor Du langsam verwest!« Ihr Partner Johannes, der sie am Flughafen abholt, erschrickt über ihr krankes Aussehen. Sie sagt ihm: »Du musst mir helfen zu sterben!« Johannes fährt sie ins nächste auf Tropenerkrankungen spezialisierte Klinikum. Nach ausführlicher Diagnostik vermuten die dortigen Ärzte eine wahnhafte Depression, vermutlich ausgelöst durch das Malariamittel. Mit entsprechender Medikation klingen die Symptome innerhalb von einer Woche ab. ■

Kommentar: Eva hatte nie eine psychische Erkrankung. Sie ist betroffen von einer seltenen Komplikation eines Medikaments mit potenziell lebensgefährlichen Konsequenzen, da die durch die Substanz hervorgerufene depressive Psychose zu Selbstgefährdung und auch Fremdgefährdung führen kann. Johannes tut das Richtige, sofort geeignete Unterstützung zu suchen.

■ *Jasmin, 25 Jahre*

Jasmin leidet an ausgeprägter emotionaler Instabilität. Im 14. Lebensjahr wurde bei ihr eine Borderline-Persönlichkeitsstörung diagnostiziert. Sie verletzt sich selbst, hat Essanfälle, gerät leicht in Wut. Es fällt ihr sehr schwer, Freundschaften und Beziehungen aufrechtzuerhalten. Sie hat auch immer wieder depressive Episoden, in denen sie alles als sinnlos empfindet, kaum aus dem Bett kommt, nur sehr wenig isst und an Gewicht verliert. Jasmin hat häufig Fantasien, in denen sie sich vorstellt, dass tot sein viel angenehmer wäre als ihr gegenwärtiges Leben. Jasmin lebt seit dem 15. Lebensjahr in einer therapeutischen Wohngemeinschaft. Sie hat eine Gemeinschaftsschule mit der Mittleren Reife beendet und dann eine Lehre als Gärtnerin abgeschlossen, arbeitet aber zurzeit nicht. Ihr Vater sitzt im Gefängnis, nachdem er wegen mehrerer Einbruchdiebstähle verurteilt wurde. Er machte ihr gelegentlich große Geschenke und ließ dann lange nichts von sich hören. Die Mutter hat drei weitere Kinder von jeweils anderen Vätern und arbeitet gelegentlich abends als Bedienung. Sie geht mit Jasmin sanft und liebevoll um und ist gleichzeitig völlig unzuverlässig. Jasmin hat schon mehrfach versucht, sich mit Medikamenten das Leben zu nehmen. Sie nimmt aktuell regelmäßig an einer ambulanten Gruppentherapie für Patientinnen mit Borderline-Persönlichkeitsstörung teil und hat auch ambulante Einzeltherapie. Am Samstagnachmittag fühlt sie sich einsam, sie ruft gegen 18 Uhr ihre Mutter an. Die Mutter ist schwer betrunken, ein Gespräch ist nicht möglich. Jasmin denkt: »Ich bin ganz allein. Niemand interessiert sich für mich. Ich bin jedem völlig egal.« Sie holt ihre Antidepressiva aus dem Schrank, nimmt alle vorhandenen Tabletten auf einmal und legt sich auf ihr Bett. Gegen 21 Uhr findet sie eine Betreuerin, die eher zufällig noch mal nach ihr sieht. Jasmin ist nicht wach zu kriegen. Die Betreuerin ruft sofort den Notarztwagen. Jasmin verbringt einen Tag auf einer Intensivstation und wird dann in eine psychiatrische Klinik aufgenommen. ■

Kommentar: Jasmin leidet an einer chronischen psychischen Erkrankung und ist durch eine ungünstige Familiensituation belastet. Die Entscheidung, eine Überdosis Antidepressiva zu nehmen erfolgt spontan, aus dem Augenblick einer Enttäuschung über das Verhalten ihrer Mutter heraus. Jasmin braucht neue Strategien, um mit ihrer chronischen Suizidalität umzugehen.

Fazit: Der Kontext psychiatrischer Notfälle ist sehr vielfältig: Akute zwischenmenschliche Krisen, psychische Folgen von medizinischen Erkrankungen, Medikamenten oder Drogen oder Verschlechterungen von chronischen psychischen Erkrankungen sind mögliche Ursachen. Schwere depressive Zustände können sich aus chronischen psychischen Störungen heraus plötzlich entwickeln oder sich verschlechtern und zu akuter Selbstgefährdung führen. Typischerweise ist es das Beste, unter diesen Umständen sofort das medizinische Nothilfesystem in Anspruch zu nehmen.

Zusammenfassung

Depression ist vor allem dann ein Notfall, wenn sich hieraus lebensgefährdendes oder anderes selbstschädigendes Verhalten ableitet. Mögliche abzuwendende Folgen können Tod durch Suizid, schwere Verletzungen oder Unfälle oder auch finanzielle Schäden sein.

Gehen Sie mit Depression als Notfall so um wie mit jedem anderen schweren medizinischen Notfall. Fahren Sie mit dem

Betroffenen in die nächstgelegene psychiatrische oder interdisziplinäre Notaufnahme oder alarmieren Sie den Rettungsdienst. Warten Sie auf keinen Fall darauf, dass es spontan besser wird.

Die vielfältigen Formen von Depression

Depressive Störungen sind eine große Familie von psychischen Störungen. Jeder erkrankte Mensch hat eine eigene Krankengeschichte und seine individuellen Besonderheiten. Gleichzeitig gibt es natürlich auch eine Menge gemeinsamer Mechanismen. Um Sie damit vertraut zu machen, berichten wir hier zunächst über Patientinnen und Patienten mit charakteristischen Geschichten.

■ *Laura, 22 Jahre*
Wenn man Laura in der U-Bahn oder im Hörsaal begegnet oder mit ihr zusammen in der Mensa zu Mittag isst, denkt man: eine attraktive, kluge, junge Frau. Man erkennt auf dieser Ebene keinerlei Anzeichen einer Erkrankung. Laura lebt in einem Studentenwohnheim und studiert Medizininformatik. Sie hat eine zwei Jahre ältere Schwester. Zu ihr hat sie guten Kontakt. Die beiden sehen sich leider selten, da die Schwester 500 Kilometer weit entfernt studiert. Laura und ihre Schwester sind bei ihrer alleinerziehenden Mutter aufgewachsen. Der Vater hat die Familie in Lauras fünften Lebensjahr verlassen. Seitdem gab es keinen Kontakt mehr zu ihm. Da der Vater keine finanziellen Mittel für die Kinder bereitstellte, musste Lauras Mutter ganztags arbeiten, sodass die beiden Kinder nachmittags meistens auf sich selbst aufpassten. Die finanziellen Möglichkeiten der Familie waren begrenzt. Es gab nur bescheidene Urlaube und nur geringes Taschengeld. Die psychischen Probleme von Laura begannen schon in der Kindheit. Sie war immer eher ängstlich, hatte eine beste Freundin, aber keine weiteren Kontakte in der Klasse und war sehr zurückgezogen. Sie glaubte, sie sei dumm und hässlich und alle würden sie ablehnen. Dabei war sie eine gute Schülerin.

Nur die mündlichen Noten ließen zu wünschen übrig, da sie sich kaum meldete. Lauras Stimmung war ständig beeinträchtigt. Sie dachte, dass ihre ganzen Anstrengungen sie im Leben sowieso nicht weiterbringen würden, dass sie nie einen Freund haben würde, dass sie nie eine Stelle finden würde, um für sich selbst zu sorgen. Ihre vorherrschende Emotion war Scham über viele verschiedene Themen: ihren Körper, ihre Leistungsfähigkeit, keinen richtigen Vater zu haben. Nach dem Abitur zieht sie in die nächste Großstadt, um zu studieren. Im Studentenwohnheim lebt sie eher zurückgezogen. Sie geht eine intime Beziehung mit Ferdinand ein, einem gleichaltrigen jungen Mann aus demselben Studiengang. Ferdinand ist ebenfalls psychisch krank und hat zusätzlich ein erhebliches Problem mit Cannabis-Missbrauch. Dass Ferdinand auf sie zugegangen ist und ihr sofort offengelegt hat, wie krank er ist, erleichterte Laura zunächst den Beginn der Beziehung. Gleichzeitig fühlt sie sich sehr dadurch belastet, dass Ferdinand sie krankheitsbedingt nur wenig unterstützen kann und er sich häufig aggressiv verhält. Laura denkt deshalb immer wieder über Trennung nach und beendet im weiteren Verlauf dann tatsächlich die Beziehung mit Ferdinand, kommt aber wieder mit ihm zusammen, bevor sie sich endgültig trennt. Laura war erstmals im 16. Lebensjahr bei einer Fachärztin für Kinder- und Jugendpsychiatrie. Diese Ärztin diagnostizierte eine Anpassungsstörung und riet ihr, in ambulante Psychotherapie zu gehen. Laura folgte diesem Ratschlag jedoch nicht. Sie erhoffte sich nichts von Psychotherapie. Die Erklärungen der Ärztin erschienen ihr sehr vage. An ihrem neuen Studienort besucht sie dann die psychiatrische Institutsambulanz. Die Ärztin und die Psychologische Psychotherapeutin, mit denen sie ausführliche diagnostische Gespräche hat, diagnostizieren eine chronische Depression und eine vermeidende Persönlichkeitsstörung und bieten ihr eine psychotherapeutische Behandlung an. Dieses Mal sagt Laura zu, da ihr das, was die Fachärz-

tin und die Psychologin über ihre Erkrankung erklären, plausibel erscheint.

■ *Peter, 62 Jahre*

Wenn man Peter von früher her kennt und ihm jetzt begegnet, denkt man: »Oh je, der sieht aber alt und krank aus.« Peter ist Controller bei einem großen mittelständischen Unternehmen, arbeitet aber seit zehn Monaten nicht, da er krankgeschrieben ist. Er ist verheiratet und hat zwei erwachsene Söhne. Peter ist in den späten Fünfziger- und frühen Sechzigerjahren in einfachen Verhältnissen auf dem Land groß geworden. Sein Vater war Arbeiter im Straßenbau, die Mutter Arbeiterin bei einer Milchgenossenschaft. Peter ist das zweite von vier Kindern. Er besuchte die Volksschule, danach die Realschule, machte eine Lehre als Kfz-Mechaniker, kehrte dann wieder zur Schule zurück und machte das Fachabitur. Zuletzt studierte er Betriebswirtschaft an einer Fachhochschule. Nach dem Studium begann er bei einem mittelständischen Unternehmen der Metallindustrie zu arbeiten und machte dort rasch Karriere. Er war besonders wegen seiner Zuverlässigkeit und seiner ausgleichenden vermittelnden Art bei allen Mitarbeitern beliebt. Seine Frau kennt er seit der gemeinsamen Zeit in der Realschule. Peter war bis zu seinem 60. Lebensjahr aus seiner eigenen Sicht völlig gesund und leistungsfähig. Er betrieb bis zum 40. Lebensjahr regelmäßig Sport, spielte insbesondere Fußball. Nach einer Bagatellverletzung hörte er damals aber auf. Peter rauchte vom 15. bis zum 60. Lebensjahr jeden Tag etwa eine Schachtel Zigaretten. Ab dem 40. Lebensjahr entwickelte er Übergewicht. Mit 60 hatte er an einem Sonntagmorgen einen Herzinfarkt. Er wurde sofort in das nächste Universitätsklinikum gebracht und mit mehreren Stents versorgt. Während des Klinikaufenthaltes wurde auch ein Diabetes mellitus und ein Bluthochdruck diagnostiziert und behandelt. Die Ärzte waren mit dem Behandlungsergebnis sehr zufrieden. Sie sagten: »Sie ha-

ben Riesenglück gehabt und sind fast wieder gesund!« Peter dagegen fühlte sich total verändert. Er hatte wesentlich weniger Antrieb, lag nachts wach und machte sich Sorgen um seine Gesundheit, er konnte sich sehr viel weniger für seine Arbeit begeistern und verhielt sich gereizt zu seinen Kollegen und auch zu seinen Vorgesetzten. Das von den Ärzten empfohlene Sport- und Ernährungsprogramm setzte er nur in kleinen Teilen um. Er sagte: »Mir fehlt dazu der Antrieb.« Der Hausarzt ermahnte ihn: »Sie haben einfach zu viel Stress bei ihrer Arbeit, Sie müssen lernen kürzerzutreten und sich mehr entspannen!« Die Krankschreibung, die zur Verminderung der Stressbelastung dienen sollte, führte aber zu einer Verschlechterung des Befindens. Peter wurde schließlich in eine psychosomatische Klinik eingewiesen. Dort wurde die Diagnose einer schweren depressiven Episode gestellt.

Wenn Sie diese beiden Geschichten von Laura und Peter lesen, werden Sie fragen: »Zwei Altersgruppen, zwei sehr unterschiedliche Verläufe über das Leben hinweg. Ist das überhaupt dieselbe Erkrankung?« Die Antwort ist notwendigerweise kompliziert: »Ja, es gibt gemeinsame Mechanismen, aber es gibt auch viele Unterschiede!« Wir werden auf Laura und Peter immer wieder zurückkommen.

Habe ich eine Depression?

Diese Frage ist sehr komplex. Sie müssen viele verschiedene Aspekte berücksichtigen, um sie richtig zu beantworten. An Depression denken die meisten Menschen in unserer Kultur, wenn sie über eine längere Zeit schlechter Stimmung sind und diese nicht von selbst vergeht oder sich nicht abschütteln lässt. Depression ist aber nicht einfach nur schlechte Stimmung. Manche Menschen fühlen sich in erster Linie körperlich krank und leiden doch aus der Sicht von Psychiatern und Psychotherapeuten unter Depression. Das führt dann manchmal zu Unstimmigkeiten zwischen Arzt und Patient. Tatsache ist: Der Mensch hat keinen Depressionssensor. Man kann die Frage »Habe ich eine Depression?« nicht einfach dadurch beantworten, dass man in sich hineinhört. Experten stellen die Diagnose auch nicht intuitiv, sondern anhand von Kriterien. Im Folgenden werden wir diese Kriterien so erklären, dass der Entscheidungsprozess, ob eine Depression vorliegt oder nicht, für jeden nachvollziehbar wird.

Die adaptive Seite der Depression – Ist Depression überhaupt eine Erkrankung?

Für sich genommen ist Depression zunächst ein menschliches Verhaltensprogramm. Bevor wir uns der Diagnostik von Depression als Krankheit zuwenden, sollten wir also erst noch einmal etwas über ihre nützliche, nicht krankhafte Seite sagen.

Depression als Verhaltensprogramm dient dazu, Verschwendung von persönlicher Energie für Projekte mit geringen Erfolgsaussichten zu verhindern. Der natürliche Auslöser für Depression ist deshalb eine Situation, in der ein Verhalten nicht wiederholt werden sollte, weil es wenig Erfolg versprechend ist. Depression ist so lange gesund, als genau diese Funktion eingehalten wird.

■ *Rahel, 30 Jahre, und Albert, 32 Jahre*
Rahel und Albert sind seit zehn Jahren ein Paar. Rahel ist Kauffrau im Einzelhandel, Albert ist Jurist. Er hat eine ausgeprägte Sehbehinderung. Rahel betreibt einen sehr großen Zeitaufwand, um Albert so zu unterstützen, dass er in seinem Beruf nur wenig eingeschränkt ist. Rahel bekommt für ihr Engagement kaum etwas zurück. Albert ist ein Mensch, der wenig Zugang zu Emotio-

nen hat, und mit ihr sehr kühl umgeht. Alberts Eltern sind äußerst kritisch mit Rahel, sie machen ihr immerzu Vorwürfe, nicht genug für ihren Sohn zu tun. Rahel hat mehrfach Gespräche mitgehört, in denen die Eltern zu Albert sagten, er habe die falsche Frau als Partnerin, er sei weit unter seinen Möglichkeiten geblieben. Albert stellt sich nie schützend vor Rahel, wenn die Eltern sie kritisieren. Rahel überlegt ständig, was sie falsch macht. Sie ist seit mehreren Jahren wegen Depression in psychiatrischer Behandlung. Unter der Einnahme eines Antidepressivums hat sich ihre Schlafstörung gebessert. Alle anderen Symptome, vor allem ihre ständige Traurigkeit, sind weitgehend unverändert. ■

Kommentar: Wenn Sie in einer ähnlichen Lebenssituation sind oder sich vorstellen, darin zu sein, ist sofort nachvollziehbar, dass es normal ist, unter diesen Umständen traurig und ärgerlich zu sein. Psychisches Wohlbefinden bei Rahel setzt voraus, dass sich ihre Lebenssituation erheblich verändert. Depression ist unter diesen Umständen nicht einfach eine zufällige Erkrankung, sondern ein Hinweis auf eine notwendige Veränderung, auf die Unmöglichkeit einfach so weiterzumachen. An dem Beispiel wird auch klar, dass die Grenze zwischen Depression als sinnvoller Stimulus für eine Veränderung und Depression als krankhafte Reaktion auf eine chronische Belastungssituation nur schwer zu ziehen ist.

Ein wichtiges Merkmal der Situation von Rahel ist, dass ihre bisherigen Lösungsansätze – Nachdenken, was sie falsch macht, sich noch mehr anstrengen und geduldig auf Besserung warten – zu einem Teil des Problems geworden sind. Solche sogenannten Lösungen »erster Ordnung«[3], wie sich mehr an-

---

3   Eine Lösung »erster Ordnung« bleibt innerhalb des bisherigen Denk- und Lebenssystems. Sie führt häufig zu kurzfristiger Stabilität oder

strengen oder mehr Geduld haben, sind prinzipiell sinnvoll, können aber in dem geschilderten Kontext dazu beitragen, dass alles noch schlimmer wird. Dann sind »Lösungen zweiter Ordnung« gefragt. Das kann hier beispielsweise sein: Verzicht auf Anstrengungen, Aufgeben falscher Hoffnung.

Durchhaltevermögen und Unerschütterlichkeit sind im Allgemeinen günstige Persönlichkeitseigenschaften, stoßen aber irgendwann an Grenzen. In der Psychologie ist die Situation als »Sunk Cost Fallacy« bekannt. Dabei können unwiederbringliche Aufwendungen in der Vergangenheit dazu führen, dass offensichtlich sinnlos gewordene Projekte trotzdem fortgesetzt werden. »Depressiver Realismus«, also die Einsicht, dass meine Anstrengung in einer Situation tatsächlich nicht zu einer Veränderung führen wird, ist hier ein sinnvolles Gegengewicht.

Wenn von Depression gesprochen wird, ist die Erwartung immer, dass es um etwas Negatives, Nachteiliges, Krankhaftes gehen wird. Dass die Depression eine nützliche Seite hat, ist erst mal kontraintuitiv. Eine Depression kann jedoch tatsächlich helfen, zu erkennen, dass Bemühungen, in einer bestimmten Situation ein Ziel zu verfolgen, nicht mehr sinnvoll sind und dass bisher angewandte Lösungsversuche nicht helfen. In solchen Situationen sind neue Ziel oder zunächst kontraintuitive Lösungen hilfreich. Die Depression hilft bei der Suche nach neuen Wegen und Lösungen, die sich in vielen Situationen nicht nur von allein ergeben, sondern auch Hilfe von außen (durch z.B. eine Psychotherapie) erforderlich machen.

Symptomreduktion. Mit dieser Art Lösungen ist jedoch das Risiko verbunden, dass Probleme ungelöst bleiben. Lösungen »zweiter Ordnung« transformieren das Problem. Sie erfordern häufig, dass Lösungsversuche »erster Ordnung« eingestellt werden.

Depression: Die Kriterien der Diagnose

Depression wird von Psychologischen Psychotherapeuten, Fachärzten für Psychiatrie und Psychotherapie oder Fachärzten für Psychosomatische Medizin und Psychotherapie anhand von Kriterien diagnostiziert, die in Diagnosemanualen festgehalten sind. Die beiden wichtigen Manuale sind: 1) *Das Diagnostic and Statistical Manual of Mental Disorders*, in seiner aktuellen Version DSM-5 aus dem Jahr 2013. Das DSM-5 ist auch in deutscher Sprache erhältlich (Falkai & Wittchen, 2015). Das DSM ist seit seinem erstmaligen Erscheinen 1952 eine wichtige Grundlage der Forschung in Psychiatrie und Psychosomatik. 2) *Die International Statistical Classification of Diseases and Related Health Problems*, in ihrer aktuellen Version ICD-10-WHO. Die ICD-10: Internationale Klassifikation psychischer Störungen ist ebenfalls in deutscher Sprache erhältlich (Weltgesundheitsorganisation et al., 1991). Für 2022 ist die Einführung von ICD-11 geplant. ICD ist die wesentliche Grundlage für Codierung von Erkrankungen für Krankenversicherungen und länderbezogene Statistiken. Die Kriterien für depressive Störungen unterscheiden sich zwischen DSM und ICD glücklicherweise nur geringfügig.

1. Depressive Stimmung

Depressive Stimmung ist das erste Kriterium für eine schwere depressive Episode in beiden Diagnosemanualen. Die depressive Stimmung soll die meiste Zeit des Tages und fast jeden Tag vorhanden sein. Sie soll sich durch Selbstbeobachtung erschließen oder von außen sichtbar sein.

Zunächst ein scheinbar simples Kriterium: Jeder weiß, was schlechte Stimmung ist. Gleichzeitig ist schlechte Stimmung aber ein Alltagsphänomen und kein Krankheitszeichen. Jeder erlebt fast jeden Tag mal schlechte Stimmung. Dafür gibt es auch gute Gründe. Das Leben ist zu niemandem immer nur freundlich. Nur wenige schweben von Erfolg zu Erfolg. Menschen sind allerdings sehr unterschiedlich in der Selbstbeobachtung von Stimmung. Manche richten eine sehr intensive Aufmerksamkeit auf emotionale Zustände und sind empfindlich für jede Veränderung der Stimmung, andere sind mit ihrer Aufmerksamkeit woanders und haben nur eine geringe Sensitivität für Stimmung. Hohe Aufmerksamkeitslenkung auf Stimmung kann dazu führen, dass die Diagnose einer Depression zu niederschwellig gestellt wird, während niedrige Aufmerksamkeitslenkung dazu führt, dass die Erklärung für den Krankheitszustand möglicherweise bei einer körperlichen Erkrankung wie beispielsweise einer Herzerkrankung gesucht wird.

Feinkörnigkeit der Emotionswahrnehmung – also ein breites Repertoire von emotionalen Zuständen zu kennen, benennen zu können und sich differenziert entlang dieser Zustände verhalten zu können – ist hier ein wichtiges Thema. Stimmung ist eine bewertende Zusammenfassung emotionaler Zustände. Trauer, Angst, Scham, Ekel, Wut, Ärger werden als schlechte Stimmung beschrieben, Freude, Liebe, Stolz als gute Stimmung. Es macht aber einen Unterschied, ob ich mich ärgere oder traurig bin. Beide Zustände sollten nicht in einen Topf geworfen werden, da sie unterschiedliche Konsequenzen auf der Handlungsebene haben (siehe Kapitel »Wissen über Emotionen erwerben« ab Seite 165). Für die Selbstregulation ist es deshalb wichtig, nicht bei Stimmung stehenzubleiben, sondern sich zu fragen, was sind die Emotionen dahinter.

Flexibilität ist bei der Diagnose entscheidend: Schlechte Stimmung als Alltagsphänomen kommt und geht mit der auslösenden Situation. Bei schlechter Stimmung dauerhaft hängenzubleiben, kann dagegen schon ein wichtiges Zeichen sein.

Das Kriterium bei DSM und ICD sind mindestens zwei Wochen durchgängig schlechte Stimmung. Wenn man in einem solchen Zeitraum weit überwiegend aus negativen Emotionen und schlechter Stimmung nicht herauskommt, dann ist dieses Eingangskriterium für eine depressive Episode erfüllt.

Die Ursachen für schlechte Stimmung spielen für die Diagnostik keine wichtige Rolle. Durchgängig schlechte Stimmung ist problematisch, unabhängig davon, ob es schwerwiegende Lebensereignisse gegeben hat oder nicht. Andersherum müssen Krisensituationen nicht zwingend immer mit schlechter Stimmung einhergehen: Die meisten Menschen erleben auch nach dem Tod einer wichtigen Person Freude, wenn sie beispielsweise von den verbleibenden wichtigen Angehörigen oder Freunden besucht werden, oder sie freuen sich für ihre Kinder und Freunde, wenn diese Erfolg haben. Die Unterteilung in »berechtigte« oder »unberechtigte« schlechte Stimmung ist deshalb nicht hilfreich bei der Frage, ob eine Depression vorliegt. Das Gehirn produziert für alles eine Erklärung. Die kann stimmen, muss aber nicht. Gleichzeitig fragen sich manche an Depression leidende Menschen: »Warum bin ich depressiv? Es gibt doch eigentlich keinen Grund.« Für Außenstehende kann es gleichzeitig leicht erkennbar sein, was nicht in Ordnung ist.

Wenn Sie sich selbst fragen: »Ist meine Stimmung so beeinträchtigt, dass man von einer Depression sprechen kann?«, dann müssen Sie sich folgende Zusatzfragen stellen:
- Bin ich mindestens zwei Wochen mit meinen Emotionen und meiner Stimmung auf der negativen Seite?
- Ist meine Stimmung unflexibel, d. h. führen auch Ereignisse, die ich mir wünsche oder die für andere gut sind, nicht zu Freude?

- Bin ich jemand, der sehr empfindlich in sich hineinhorcht, oder bin ich jemand, der Emotionen immer auf Abstand hält und Belastungen eher körperlich wahrnimmt?

Wenn Sie die ersten beiden Fragen mit Ja beantworten können, ist es möglich, dass sie an einer Depression leiden. Wenn Sie bei den ersten beiden Fragen unsicher sind, aber zu Emotionsvermeidung neigen, könnten Sie trotzdem an einer Depression leiden. Wenn Sie eher auf der sensitiven Seite sind, könnte es sein, dass Sie an einer anderen psychischen Störung leiden, aber nicht an einer Depression.

2. Interesseverlust

Menschen mit Depression tun häufig nicht mehr die Dinge, die ihnen vorher Freude bereitet haben. Sie bleiben stattdessen zu Hause, sitzen vor dem Fernseher, vernachlässigen ihre Freunde und Partner, manchmal sogar Kinder oder ihren Hund. Das gilt besonders für Dinge, die schwer zugänglich sind, weil man sich erst anstrengen muss, dafür Geld ausgeben muss oder Angst überwinden muss. Das kann aber auch für Dinge gelten, die eigentlich leicht zugänglich wären, wie sich ein warmes Bad zu gönnen, sich an den Partner anzukuscheln oder die Katze zu kraulen.

Dieser sogenannte Interesseverlust beruht nicht auf einer Veränderung der Werteorientierung. Man weiß eigentlich ganz genau, was wichtig ist. Man erwartet nur nicht mehr, dass etwas Befriedigendes eintritt, wenn man sich in Richtung seiner Werte bewegt. Man erwartet Misserfolg und denkt, es ist leichter, erst einmal gar nichts zu tun. Nichtstun ist in manchen Situationen natürlich eine sehr kluge Option. Wenn sich die

Situation am Arbeitsplatz oder eine Beziehung verändert haben, kann es sein, dass Belohnung nicht mehr so einfach zugänglich ist wie früher. Es wäre dann nicht sinnvoll, so weiterzumachen wie bisher. Man braucht einen neuen Plan. Deshalb steckt in dem Thema Interesseverlust häufig eine wichtige Information, die Sie nicht überhören sollten.

> Interesseverlust ist von Menschen, die einen gut kennen, leicht beobachtbar. Sich selbst erschließt sich Interesseverlust durch folgende Fragen:
> - Würde ich mich freuen, wenn XY passiert?
> - Würde ich mich dafür anstrengen oder einsetzen, dass XY passiert?
> - Gibt es wichtige Dinge, die ich nicht mehr mache?
> - Habe ich aufgehört, weil ich mir nichts mehr davon verspreche oder keine Belohnung mehr für diese Aktivität erwarte oder weil ich erwarte, die Aktivität nicht mehr bewältigen zu können?

Die genaue Ausgestaltung von Interesseverlust hängt stark vom persönlichen Wertesystem ab. Hierzu später Genaueres (siehe Seite 125 ff.).

3. Schlafstörungen

Viele Menschen mit Depressionen haben Schlafstörungen. Die Art der Schlafstörung kann sehr unterschiedlich sein. Manche können nicht einschlafen. Sie grübeln, machen sich Sorgen oder sind körperlich sehr angespannt oder haben unangenehme Körperwahrnehmungen wie Schmerzen oder Jucken. Manchmal führt auch unbedingt schlafen wollen, »entspannen müssen« zu paradoxen Effekten und Schlafen wird gerade dadurch zu einem Problem. Sie wachen auf und können nicht mehr einschlafen, Sie fangen an zu grübeln und liegen lange wach. Manchmal ist Früherwachen ein Problem. Die Betroffenen schlafen zunächst ein, wachen dann aber in den sehr frühen Morgenstunden auf, fühlen sich gequält und können nicht mehr einschlafen.

Auch zu viel schlafen kann ein Problem sein. Die betroffenen Menschen fühlen sich erschöpft, gehen sehr früh zu Bett oder stehen sehr spät auf und fühlen sich müde, obwohl sie mehr als zwölf Stunden im Bett gelegen und geschlafen haben. Im DSM und im ICD zählen beide Möglichkeiten zu Schlafstörungen und als Kriterium für Depression.

Auch bei Schlafstörungen besteht natürlich das Problem, dass es sich hier um ein Alltagsphänomen handeln kann. Die meisten Menschen haben gelegentlich Schlafstörungen. Um die Diagnose einer Depression zu erfüllen, muss die Schlafstörung deshalb anhaltend sein, d. h. sie muss die meisten Nächte über mindestens zwei Wochen betreffen und dazu führen, dass man unter Tags erheblich weniger fit ist.

Wenn Sie sich also fragen: »Leide ich unter einer wesentlichen Schlafstörung?«, dann müssen Sie sich auch fragen:
- Ist die Schlafstörung andauernd und bin ich aufgrund der Schlafstörung unter Tags in erheblichem Umfang weniger fit?

---

4. Appetitstörung

Depression verändert oft das Essverhalten. Manche betroffenen Menschen haben weniger Appetit, keine Lust auf Essen oder vergessen zu essen, stochern nur noch im Essen oder lassen ganze Mahlzeiten ausfallen und nehmen dann Gewicht ab.

Andere haben Heißhunger, spüren keine Sättigung mehr und nehmen an Gewicht zu. Es kann sein, dass das Essen gar nicht schmeckt und man trotzdem isst. Die Appetitstörung fällt manchmal Freunden und Angehörigen mehr auf als einem selbst. Manchmal wird sie bagatellisiert: die Betroffenen sagen: »Ich wollte sowieso ein bisschen abnehmen!« Oder bei übermäßigem Essen: »Ist doch gut, dass ich wenigstens noch was esse, wo doch sonst alles andere nicht mehr funktioniert!« Auch bei der Appetitstörung gilt natürlich, dass es sich dabei um ein Alltagsphänomen handeln kann. Gelegentlich keinen Appetit zu haben oder zu viel zu essen, obwohl es einem gar nicht schmeckt, kommt bei vielen Menschen vor. Auch hier gilt, dass die Veränderung die meisten Tage über einen Zeitraum von mindestens zwei Wochen betreffen muss.

Wenn Sie sich fragen: »Leide ich an einer für die Diagnose einer Depression bedeutsamen Veränderung des Essverhaltens?«, dann müssen Sie sich folgende weitere Fragen stellen:
- Hat sich mein Essverhalten über mehrere Wochen anhaltend verändert?
- Habe ich an Gewicht abgenommen oder zugenommen?
- Erlebe ich noch Befriedigung beim Essen?«.

---

5. Müdigkeit

Müdigkeit und Energielosigkeit sind Körpergefühle, die bei Depression direkt aus der Schlafstörung oder aus der Appetitstörung entstehen können. Manche Menschen mit Depression fühlen sich wie körperlich krank, so ähnlich, wie bei echter Grippe, wenn man sich ins Bett legen muss und das Gefühl hat, dass alle Energie aus dem Körper verschwunden ist. Müdigkeit und Energielosigkeit lassen deshalb in natürlicher Weise an die Möglichkeit einer körperlichen Erkrankung denken. Auch hier ist wieder zu bedenken, dass Müdigkeit und Energielosigkeit Alltagssymptome sind, die jeder Mensch immer wieder tageweise hat. Deshalb ist auch hier das Kriterium, dass die Symptome die überwiegende Zeit von mindestens zwei Wochen bestehen müssen.

> Wenn Sie sich fragen: »Erfülle ich das Kriterium Müdigkeit oder Energielosigkeit in ausreichendem Ausmaß?«, dann müssen Sie sich folgende weitere Fragen stellen:
> - Bin ich über einen Zeitraum von mindestens zwei Wochen ständig müde und energielos?
> - Hat das ein Ausmaß, das schon für sich genommen meine Funktionsfähigkeit im Alltag beeinträchtigt?

6. Negative Selbstbewertung

Menschen mit einer depressiven Störung berichten häufig über Gedanken wie: »Ich bin nichts wert«, »Ich bin nicht leistungsfähig«, »Ich bin ein Versager«, »Ich bin unattraktiv«, »Niemand mag mich«, »Die Zukunft wird für mich nichts Gutes bringen«, »Die Welt ist ein schwieriger, feindseliger Ort für mich«. Ein wichtiger Aspekt ist, dass diese Gedanken für sehr glaubwürdig gehalten werden und viel Zeit aufgewandt wird, um diese Gedanken zu bearbeiten, Dinge zu tun, diese Gedanken zu entkräften oder diese Gedanken nicht denken zu müssen. Eine weitere Variante ist, sich ständig zu sagen, dass die Gedanken nicht stimmen und man »eigentlich« optimistisch ist. Auch gesunde Menschen haben regelmäßig negative selbstabwertende Gedanken. Der typische Umgang gesunder Menschen damit ist jedoch, diesen Gedanken keine besondere Aufmerksamkeit zu schenken, nichts zu tun, um sie zu entkräften oder auf die Seite zu schieben. Gesunde nehmen diese Gedanken einfach als das, was sie sind, nämlich Gedanken.

Negative Selbstbewertung hat auch zwischenmenschliche Auswirkungen. Wenn Sie Ihrem Partner immer wieder sagen: »Eigentlich kann man mich nicht liebhaben«, dann wird er oder sie die ersten Male eine Rückversicherung geben, dann aber irgendwann genervt reagieren, weil er sich nicht ernst genommen fühlt. Wenn Sie den Gedanken für zutreffend und wichtig halten, wird er Sie auch davon abhalten, neue Kontakte zu knüpfen oder alte zu pflegen.

Wenn Sie sich fragen: »Habe ich negative Selbstbewertungen in einem Ausmaß, dass ich das Kriterium erfülle?«, dann müssen Sie sich folgende weitere Fragen stellen:
- Glaube ich diese negativen Selbstbewertungen oder habe ich eine kritische Distanz dazu?
- Tue ich anstrengende oder nicht meinen Werten entsprechende Dinge, um diese negativen Selbstbewertungen abzuschwächen?

---

7. Konzentrationsstörungen

Menschen mit Depression sind häufig unkonzentriert. Sie merken das besonders, wenn es darum geht, eine anspruchsvolle Arbeit zu erledigen oder etwas Neues zu lernen. Für Partner oder Freunde hat es den Anschein, dass der Betroffene mit seiner Aufmerksamkeit »gar nicht richtig da« oder mit seinen Gedanken ganz woanders ist. Junge Menschen mit Depression haben in kognitiven Leistungstests keine wesentlichen Einschränkungen, bei älteren kann der Eindruck entstehen, dass sie an einer Demenz leiden. Die kognitiven Einschränkungen bilden sich aber mit der Behandlung der Depression zurück. Ein wesentlicher Mechanismus der Konzentrationsstörungen ist, dass Grübeln und Sorgen (mehr dazu beim Thema Metakognition, siehe Seite 61) erhebliche Kapazität im Arbeitsgedächtnis in Anspruch nehmen und die Aufmerksamkeit des Betroffenen immer wieder von der gegenwärtigen Aufgabe wegziehen. Auch hier geht es um Abgelenktsein als Alltagsphänomen. Konzentrationsstörungen zählen deshalb ebenfalls nur dann als Kriterium für Depression, wenn sie zeitlich überwiegend über mindestens zwei Wochen vorhanden sind und tatsächlich eine wesentliche Veränderung zum vorherigen Zustand darstellen.

Wenn Sie sich also fragen: »Habe ich Konzentrationsstörungen, die als Kriterium für eine depressive Störung zählen?«, dann müssen Sie sich folgende weitere Fragen stellen:
- Bin ich in erheblichem Ausmaß abgelenkt und unkonzentriert?
- Ist das eine erhebliche Abweichung von meinem früheren Zustand oder der Situation bei gesunden Menschen?
- Ist die Konzentrationsstörung unflexibel und unabhängig von der Situation über längere Zeit vorhanden?

---

8. Veränderung der Bewegung

Viele Menschen mit Depression bewegen sich sichtbar anders. Das kann in verschiedene Richtungen gehen: Manche sind wie gelähmt, viel langsamer, bewegen sich wie in Zeitlupe, empfinden eine bleierne Schwere in ihren Beinen und Armen. Andere sind nervös, unruhig, zappelig, laufen ständig hin und her. Beide Varianten treffen für die Diagnose im DSM und in der ICD zu. Diese manchmal subtile Veränderung in den Bewegungsmustern ist es, die Depression für erfahrene Fachleute zu einer sogenannten Blickdiagnose macht. Die Veränderung erschließt sich aber natürlich auch der Selbstbeobachtung oder der Beobachtung durch Freunde und Angehörige. Auch hier gibt es die Problematik, dass bleierne Schwere oder Nervosität vorübergehende Alltagsphänomene sein können. Um für die Diagnose zu zählen, müssen Sie deshalb zeitlich überwiegend für mindestens zwei Wochen vorhanden sein.

> Wenn Sie sich also fragen: »Erfülle ich die Kriterien einer depressionstypischen Veränderung der Bewegung?«, dann müssen Sie sich folgende weitere Fragen stellen:
> - Kann ich mich nur verlangsamt bewegen, empfinde ich bleierne Schwere?
> - Bin ich nervös, unruhig und zappelig?
> - Ist dies eine Veränderung zu früheren Zeiten oder erheblich anders als bei anderen Menschen?
> - Ist das unflexibel und ständig vorhanden?

9. Todeswünsche

Viele Menschen mit Depression halten ihr Leben, so wie es ist, für nicht lebenswert. Manche denken, sie wären lieber tot. Manche machen sich Gedanken darüber, wie sie sich selbst töten könnten, und eine kleine Gruppe von Menschen mit Depression unternimmt tatsächlich Versuche, sich zu töten, die zu einem vollendeten Suizid führen können. Aus diesem Grund kann Depression eine akut lebensgefährliche Erkrankung sein. Sein Leben nicht lebenswert zu finden, ist in belastenden Situationen nachvollziehbar. Auch völlig gesunde Menschen haben gelegentlich den Gedanken, dass tot sein besser wäre, denken daran, sich selbst zu töten, verwerfen diesen Gedanken aber dann rasch wieder. Um für die Diagnose einer Depression zu zählen, muss der Todeswunsch deshalb dauerhaft vorhanden sein oder die Gefahr einer tatsächlichen Umsetzung von selbstschädigendem Verhalten bestehen.

> Wenn Sie sich deshalb fragen: »Bin ich im Sinne der Kriterien suizidal?«, dann müssen Sie sich folgende weitere Fragen stellen:
> - Will ich ernsthaft nicht mehr leben?
> - Kommt Suizid für mich als Möglichkeit infrage?
> - Bin ich in Gefahr, mich selbst zu töten?

Wenn Sie diese Fragen für sich mich Ja beantworten müssen, dann ist Depression bei Ihnen ein Notfall. Gehen Sie damit so um wie mit jedem anderen schweren medizinischen Notfall. Wenden Sie sich an die nächstgelegene psychiatrische oder interdisziplinäre Notaufnahme oder alarmieren Sie den Rettungsdienst. Warten Sie nicht darauf, dass es spontan besser wird.

Zusammenfassung der Diagnostik

Wenn Sie keines der oben aufgeführten Kriterien erfüllen, insbesondere nicht die depressive Stimmung und den Interesseverlust, dann leiden Sie wahrscheinlich nicht an einer depressiven Störung. Wenn Sie fünf oder mehr der oben genannten Kriterien erfüllen, besteht eine hohe Wahrscheinlichkeit, dass Sie an einer Depression leiden. Sie sollten in diesem Fall mit einer Fachperson, also einem Facharzt für Psychiatrie und Psychotherapie, einem Facharzt für psychosomatische Medizin und Psychotherapie oder einem psychologischen Psychotherapeuten in Kontakt treten und sich genauer untersuchen lassen. Wenn Sie zwischen einem und vier Kriterien erfüllen oder sich nicht sicher sind, aber erheblichen Leidensdruck haben, dann sollten Sie ebenfalls eine Fachperson aufsuchen.

Sie sollten aber auch die Grenzen der Diagnostik von Depression anhand dieser neun Kriterien kennen. Erstens: Die Kriterien sind zwar gut getestet, lassen aber doch Spielraum für Interpretationen offen. So kann es sein, dass zwei Fachleute zu unterschiedlichen Ergebnissen kommen. Dies trifft aber nur bei einem von fünf Fällen zu. Zweitens: Ein Schwellenwert von fünf bei neun Kriterien ist natürlich willkürlich. Es wird einzelne Menschen geben, die weniger Symptome erfüllen und ausgeprägt leiden, und andere, die mehr Symptome haben, aber letztlich gut zurechtkommen und keine oder nur wenig Behandlung brauchen. Drittens: Die Kriterien sind für die Unterscheidung zwischen krank und gesund optimiert. Sie sind etwas weniger gut geeignet, um den Verlauf der Erkrankung abzubilden oder um zu überprüfen, ob die Erkrankung schon besser geworden ist. Wenn man beispielsweise jemanden, der in einer depressiven Episode sehr ausgeprägte negative Selbstbewertungen hatte, fragt, ob dieser Gedanke noch da ist, dann wird der Gedanke ja durch die Frage aufgerufen. Man kann das dann nicht automatisch als Zeichen einer fortbestehenden Erkrankung werten.

Ein besonders problematischer Irrtum kann sich daraus ergeben, dass man annimmt, dass in den neun Kriterien das Wesen der Depression, ihre Essenz abgebildet ist. Dies ist nicht der Fall. Die neun Kriterien wurden unter dem Gesichtspunkt ausgewählt, dass sie leicht verständlich und mit guter Übereinstimmung beobachtbar und erfassbar sind. Weiterhin sollen sie gut zwischen gesund und krank unterscheiden. Wenn wir uns den Mechanismen der Depression annähern wollen, müssen wir deshalb noch weitere Symptome betrachten, die aber dann nicht Bestandteil der DSM- und ICD-Kriterien sind. Wir möchten aber zunächst im nächsten Abschnitt noch etwas zu Subtypen, Spezifikationen und mit Depression verbundenen Erkrankungen sagen.

Die vielen Gesichter von Depression: Spezifikationen und Subtypen

Schweregrad

Depression gibt es in allen Schweregraden. Das reicht von einer leichten Beeinträchtigung, die im Wesentlichen nur der Betroffene spürt, aber von außen nicht beobachtbar ist, bis zu einer schwersten Beeinträchtigung, die zu einer langen stationären Behandlung in einer psychiatrischen Klinik führt. Für viele Therapieentscheidungen ist der Schweregrad der depressiven Erkrankung ganz zentral. Er ergibt sich zum einen aus der Zahl und Ausprägung der einzelnen Symptome, zum anderen (und noch wichtiger) aus der Funktionseinschränkung, d. h. der Beeinträchtigung, die man in wichtigen Lebensbereichen wie Partnerschaft, Freundschaften, Freizeitgestaltung, Arbeit oder Ausbildung erlebt. Wenn bei Ihnen eine Depression diagnostiziert wurde, dann sprechen Sie deshalb mit der für sie zuständigen Fachperson unbedingt über ihre Einschätzung des Schweregrades und gleichen dies mit ihrem eigenen Eindruck ab.

Verlauf

Depression kann einen sehr unterschiedlichen Verlauf nehmen. Die meisten Menschen kennen depressive Symptome mit einer Dauer von unter zwei Wochen, häufig im Bereich von zwei bis sieben Tagen. Das erfüllt die diagnostischen Kriterien nicht und wird nicht als Krankheit gewertet. Etwa 15 Prozent der Männer und 25 Prozent der Frauen erleben irgendwann in ihrem Leben eine depressive Episode mit einer Dauer von mindestens 14 Tagen. Bei etwa der Hälfte dieser Gruppe bleibt die Gesamtdauer der einzelnen depressiven Episoden unter drei Monaten. Etwa drei Prozent der Männer und fünf Prozent der Frauen leiden an einer chronischen Depression, d. h. einer depressiven Episode, die mindestens zwei Jahre, aber auch viele Jahrzehnte dauern kann. Eine weitere wichtige Untergruppe leidet an einer rezidivierenden Störung: Sie haben immer wieder schwere, beeinträchtigende depressive Episoden, sind aber in den Zeiten dazwischen vollständig gesund. In der Gesamtbetrachtung hat Depression prinzipiell einen sehr gutartigen Verlauf, eine wesentliche Untergruppe von Betroffenen hat aber mit einer chronischen Verlaufsform zu tun. Dabei spielen sowohl nicht-diagnostizierte, nicht-therapierte Depression wie auch Therapieresistenz eine Rolle. Da der Verlauf einen wesentlichen Einfluss auf Therapieentscheidungen hat, ist es deshalb wichtig, wenn Sie an einer Depression leiden, dass Sie mit der für sie zuständigen Fachperson darüber sprechen, wie sie den Verlauf bewertet.

Bipolare Störung

Eine kleine Untergruppe von Menschen mit einer depressiven Störung erlebt auch manische Episoden, d. h. Zeiten mit gehobener Stimmung, risikofreudigem Verhalten und geringem Schlafbedürfnis. Diese Phasen können durchaus gefährlich sein, da man in einer manischen Phase häufig seine Finanzen und seine zwischenmenschlichen Beziehungen aufs Spiel setzt. Manie ist wirklich kein Spaß. Die bipolare Störung hat ganz besondere Behandlungsnotwendigkeiten, auf die wir in diesem Buch nicht vollständig eingehen können. Bei einer bipolaren Störung brauchen Sie regelmäßig Termine bei einer Fachärztin oder einem Facharzt für Psychiatrie. Fachleute unterschieden zwischen einer Bipolar-I- und Bipolar-II-Störung.

Voraussetzung für die Diagnose einer Bipolar-I-Störung ist eine voll ausgeprägte manische Episode, bei der Menschen auch grob unvernünftige, selbstschädigende Dinge tun, sodass eine Krankenhausbehandlung erforderlich ist. Bei der Bipolar-II-Störung sind die Auswirkungen auf das Verhalten sehr viel milder, man spricht von hypomanischen Episoden. Trotzdem ist sie keine harmlose Erkrankung. Eine wichtige psychologische Folge von manischen und hypomanischen Episoden ist, dass Menschen eine völlig verzerrte Vorstellung davon entwickeln, was normale Stimmung ist und was ein normales Niveau von innerer Energie darstellt. Dies kann dazu führen, dass die betroffenen Patienten mit ihrem »Normalzustand« unzufrieden sind, ihn mit einer depressiven Episode verwechseln und Sehnsucht nach erneuten manischen Episoden haben.

Melancholische Depression oder atypische Depression?

Die melancholische Depression ist sozusagen der Klassiker. Die betroffenen Menschen sind interesselos, reagieren emotional weder auf ungünstige noch günstige Ereignisse, sondern bleiben subjektiv gefühllos, sie fühlen sich leer, schlafen wenig und nehmen an Gewicht ab. Die atypische Depression ist auch bei Fachleuten weniger bekannt. Wie der Name schon sagt, gehen bei ihr die meisten Symptome in die andere Richtung. Die Betroffenen sind emotional empfindlich, leicht gekränkt, schlafen viel und nehmen an Gewicht zu. Warum ist es wichtig, diese beiden Subtypen zu kennen? Atypische Depression wird gerne unterschätzt, obwohl man bei diesem Subtyp von den Auswirkungen auf die Funktionsfähigkeit im Alltag her ähnlich krank ist wie bei melancholischer Depression. Die beiden Subtypen haben unterschiedliche gesundheitliche Folgen. Wenn die atypische Depression chronisch verläuft, besteht die Gefahr, übergewichtig zu werden und Diabetes zu entwickeln. Bei der melancholischen Depression besteht die Gefahr, Muskulatur zu verlieren und Osteoporose zu entwickeln. Auch für die Auswahl von Medikamenten ist die Unterscheidung wichtig. Trizyklische Antidepressiva sind bei atypischer Depression weniger wirksam als bei melancholischer Depression, bei atypischer Depression helfen eher Serotoninwiederaufnahmehemmer (siehe Kapitel »Antidepressive Medikamente einnehmen« ab Seite 183).

Depression mit psychotischen Merkmalen

Depression kann mit bestimmten extremen Vorstellungen verbunden sein, beispielsweise mit der Annahme, mit Sicherheit nie wieder gesund zu werden, völlig verarmt zu sein, sich versündigt zu haben oder bestraft werden zu müssen. Wenn es noch eine gewisse kritische Distanz zu diesen Gedanken gibt, spricht man von überwertigen Ideen, wenn keine kritische Reflexion mehr möglich ist, von psychotischen Symptomen. Bei hohem Schweregrad von Depression sind solche extremen Vorstellungen häufig. Sie weisen auf die dringende Notwendigkeit einer fachärztlichen Behandlung hin.

Depression nach einer Geburt

In der Zeit nach einer Geburt sind Frauen besonders anfällig für Depression. Depression in dieser Lebensphase wird gerne übersehen, da sie kulturellen Vorstellungen widerspricht. Die gesellschaftliche Erwartung an junge Mütter ist, dass sie sich über ihr Baby freuen und glücklich sind. Tatsächlich sind Schwangerschaft, Geburt und die Zeit danach für die seelische Gesundheit der Mutter eine Risikoperiode. Die korrekte Diagnose einer Depression ist besonders wichtig, da Depression nach der Geburt sich ungünstig auf den Kontakt und die Beziehung zu dem neugeborenen Kind auswirken kann.

Saisonale Depression

Manche Menschen sind nur in den Jahreszeiten mit wenig Licht depressiv. Glücklicherweise handelt es sich dabei meistens um eher leichte Verlaufsformen von Depression. Die Diagnose ist schwer zu operationalisieren, da man ja erst nach mindestens drei Wiederholungen einigermaßen sicher sein kann, dass das Auftreten im Winter etwas mit Lichtmangel zu tun hat und nicht besser durch Zufall oder die aktuellen Lebensumstände zu erklären ist.

Mit Depression verbundene Erkrankungen (Komorbidität)

Depression kommt selten allein. Wenn jemand eine depressive Erkrankung hat, dann hat er mit 80 Prozent Wahrscheinlichkeit mindestens ein weiteres psychisches Problem. Der Umfang dieses Buches erlaubt es nicht, auf jede dieser Störungen mit dem gleichen Detail einzugehen wie auf Depression, sodass wir uns hier auf kurze Aussagen beschränken.

Angststörungen

Etwa die Hälfte der Menschen mit Depression haben Panikattacken. Sie umgehen bestimmte Situation in der Öffentlichkeit. Sie vermeiden die Benutzung von öffentlichen Verkehrsmitteln, Aufzügen, Kaufhäusern, Flugzeugen, Höhen, Brücken und Ähnliches (Agoraphobie). Sie haben Angst, von anderen Menschen bewertet zu werden, und vermeiden zugehörige Situation (soziale Phobie), oder sie machen sich viele Sorgen (generalisierte Angststörung).

Posttraumatische Belastungsstörung

Etwa 60 Prozent der Menschen mit einer depressiven Störung berichten über erhebliche problematische Erfahrungen in der Kindheit oder der Jugend. Jeder Zehnte leidet unter einer posttraumatischen Belastungsstörung aufgrund von sehr belastenden Ereignissen, dabei stehen bei den Frauen sexuelle Gewalt, bei den Männern Unfälle und Kriegserfahrungen im Vordergrund. Diese Ereignisse können auch lange zurückliegen.

Substanzgebrauch

Etwa jeder vierte Mensch mit Depression hat ein Problem mit legalen oder illegalen Substanzen oder mit Medikamenten: am häufigsten ist Alkohol, bei den illegalen Substanzen stehen Cannabis, Amphetamine und Opiate im Vordergrund, bei den Medikamenten sind es die Benzodiazepine. Auch Rauchen von Zigaretten ist bei Menschen mit depressiven Störungen häufiger.

Somatische Belastungsstörung

Menschen mit Depression haben häufiger körperliche Beschwerden (z. B. Schmerzen, Übelkeit, Schwindel), für die sich keine medizinische Erklärung finden lassen. Auch Gesundheitsängste – also die Angst vor einer nicht erkannten oder zukünftigen schweren körperlichen Erkrankung – finden sich sehr viel häufiger.

Essstörung

Dieses Thema betrifft vor allem junge Frauen mit Depression. Anorexia nervosa, Bulimia nervosa und die Binge-Eating-Störung sind häufig mit Depression verbunden.

Persönlichkeitsstörungen

Eine Untergruppe von Menschen mit Depression hat zusätzlich Probleme wie lang dauernde emotionale Instabilität (Borderline Persönlichkeitsstörung), durchgreifende Muster von Vermeidungsverhalten (vermeidende Persönlichkeitsstörung), Perfektionismus (zwanghafte Persönlichkeitsstörung), arrogantes und überhebliches Verhalten (narzisstische Persönlichkeitsstörung) oder weitere Formen von Persönlichkeitsstörung.

Chronische körperliche Erkrankungen

Wer eine schwere körperliche Erkrankung wie beispielsweise Herzinfarkt, Diabetes, Krebs, chronisch obstruktive Lungenerkrankung, schwere rheumatische Erkrankung hat, hat eine erheblich erhöhte Wahrscheinlichkeit, auch eine Depression zu haben. Etwa die Hälfte der Menschen, die in Deutschland wegen einer schweren Depression behandelt werden, leiden gleichzeitig an irgendeiner schwerwiegenden körperlichen Erkrankung. Um die Diagnose nicht zu verfehlen, ist es wichtig, diesen Zusammenhang zu kennen und nicht anzunehmen, dass sich die depressive Symptomatik automatisch aus der körperlichen Erkrankung ergibt. Eine knappe Mehrheit von Menschen mit einer dieser schweren Erkrankungen leidet nämlich nicht unter Depression.

Insgesamt ist das Thema Komorbidität für die Therapieplanung außerordentlich wichtig. Wenn bei Ihnen eine depressive Störung diagnostiziert wurde, sprechen Sie unbedingt mit Ihrem Facharzt oder Ihrem psychologischen Psychotherapeuten darüber, welche weiteren psychischen Störungen möglicherweise vorhanden sind. Gehen Sie zu Ihrem Hausarzt und sprechen Sie mit ihm darüber, was auf der Seite medizinischer Behandlungen für sie getan werden kann oder welche Verhaltensveränderungen im Gesundheitsverhalten Sie brauchen, um Ihr Depressionsrisiko günstig zu beeinflussen.

Symptome von Depression, die nicht zur Diagnose verwendet werden

Es gibt eine Reihe von Symptomen, die als Ansatzpunkt von Psychotherapie bei Depression außerordentlich wichtig sind, die aber von den diagnostischen Kriterien nicht erfasst werden. Das liegt daran, dass diese Symptome als Kriterium nicht spezifisch genug sind oder sich der Selbstbeobachtung zunächst entziehen. Unser Ziel für den nächsten Abschnitt ist, Ihnen diese Symptome so zu erklären, dass sie sie verstehen und selbst entscheiden können, ob an einer dieser Stellen bei Ihnen ein wesentliches Problem vorhanden ist. Alle vier Gruppen von

Symptomen sind bei Depression häufig, es kann jedoch sein, dass einzelne Symptome nicht auf Sie zutreffen oder sehr wenig Bedeutung bei Ihnen haben. Unsere Anregung ist, lesen Sie erst einmal und überlegen dann, ob etwas auf Sie zutrifft.

Ein weiterer Punkt ist: Bei den im Folgenden aufgezählten Symptomen ist es häufig schwer, sie selbst zu erkennen oder sie sich einzugestehen. Wenn Sie davon betroffen sind, betrachten Sie die Darstellung nicht als Vorwurf, an der Erkrankung selbst schuld zu sein. Sie haben sich bestimmt nicht freiwillig entschieden, diese Symptome zu entwickeln. Typischerweise sind die Symptome und Verhaltensweisen aus Ihrer Lebensgeschichte heraus entstanden und Sie haben sie möglicherweise für »selbstverständlich«, »normal« oder sogar für hilfreich gehalten. Depression ist eine sehr unangenehme Erkrankung. Anzunehmen, jemand wäre »selbst schuld«, dass er depressiv ist, verfehlt den wesentlichen Punkt und ist nicht hilfreich.

Vermeidung

Vermeidung ist zunächst etwas unglaublich Nützliches. Wer als Kind auf eine heiße Herdplatte gefasst hat, wird das nicht wiederholen. Menschen fassen nicht einmal Herdplatten an, von denen sie nur vermuten, dass sie heiß sein könnten. Vermeidung schützt Menschen also vor Gefahr, Risiko und unnötigem Schmerz. Bei der Herdplatte ist das einfach. Es ist keinerlei Nutzen damit verbunden, heiße Herdplatten anzufassen. Man kann sich durch geschickten Umgang mit Küchengeräten sehr gut vor Verbrennungen schützen. Im weiteren Erwachsenenleben ist das aber nicht immer so einfach. Viele menschliche Verhaltensweisen verbinden Nutzen und Risiken in einem schwer vorhersehbaren Verhältnis. Zur Arbeit zu gehen bringt Einkommen, Kontakt mit netten Kollegen, Anerkennung durch Kunden und Mitarbeiter, eine feste Tagesstruktur, ein Gefühl von Sinnhaftigkeit und viele andere Vorteile. Gleichzeitig haben wir das Risiko, uns bei der Arbeit aggressivem Verhalten von Vorgesetzten, Kollegen und Kunden auszusetzen, Misserfolge oder Langeweile zu erleben und uns gequält zu fühlen. Partnerschaft bringt in das menschliche Leben Liebe, Sexualität, Familienleben, Kinder, gemeinsame Aktivitäten, gegenseitige Absicherung und andere Dinge, die glücklich machen können. Gleichzeitig kann Partnerschaft die Quelle von massiver Stressbelastung, Gewalt, Zurückweisung und anderen Dingen sein, die unglücklich machen. Ist es also sinnvoll, Arbeit oder Partnerschaft zu vermeiden, oder sich in diesen Bereichen zu engagieren? Es gibt keine einfache Antwort auf diese Frage. Der wichtige Punkt ist: Viele Dinge im Leben kommen als Paket. Menschen können diese Pakete nicht aufschnüren und sich die Dinge herausnehmen, die sie sich wünschen, und gleichzeitig die anderen, unerwünschten Dinge einfach nicht haben. Jeder Mensch braucht deshalb eine Balance zwischen Vermeidungsverhalten und mutigem Annäherungsverhalten. Menschen mit Depression sind häufig zu sehr auf der Seite der Vermeidung.

Vermeidung ist nicht einfach nichts tun. Es ist letztlich eine aktiv gewählte Strategie, mit Situationen, Ereignissen oder inneren Zuständen umzugehen. Es handelt sich nicht nur um eine ausbleibende Reaktion, sondern um ein systematisches Ausweichen.

Wichtig ist hier, sich die verschiedenen Formen von Vermeidung anzusehen. Betrachten wir erst einmal, was vermieden wird. Situationen kann man vermeiden, indem man weggeht oder nicht hingeht. Ich kann mich beispielsweise krankschreiben lassen, um mich einer belastenden Situation an meinem Arbeitsplatz nicht mehr auszusetzen. Ich kann mich trennen und aus der gemeinsamen Wohnung ausziehen, um mit meinem Partner keinen Streit mehr zu haben. Erlebnisvermeidung überlappt sich mit der beschriebenen Situationsvermeidung, geht aber noch darüber hinaus. Wenn ich mir beispielsweise vornehme, nie wieder eine demütigende Situation mit einem Vorgesetzten erleben zu wollen, dann macht das nicht nur meine Rückkehr an meinen gegenwärtigen Arbeitsplatz schwer, sondern wird mir auch die Suche nach einem anderen Arbeitsplatz schwer machen, weil dieser Vorsatz mein Tätigkeitsfeld erheblich einschränkt. Ich kann mir vornehmen, nie wieder von einem Mann oder einer Frau enttäuscht oder verlassen zu werden. Das geht ebenfalls deutlich darüber hinaus, dass ich meinen jetzigen Partner verlasse oder er mich verlässt. Es kann dazu führen, dass ich meine zukünftige Partnerwahl auf Partner beschränken muss, bei denen ich mir ganz sicher sein kann, oder ich kann ganz allein bleiben. Noch einen Schritt weiter geht Emotionsvermeidung. Ich kann mir vornehmen, nie wieder Enttäuschung zu erleben. Das bedeutet dann nicht nur, dass ich zugehörige Situationen und Erlebnisse vermeide, sondern berührt mein Innenleben auch dann, wenn ich ganz allein und zurückgezogen bin. Ich muss dann auch Informationen aus dem Weg gehen, die mich an vergangene Enttäuschungen erinnern, und ich muss die gegenläufige Emotion, nämlich Hoffnung, vermeiden, da Hoffnung ja ein großes Risiko beinhaltet, in Enttäuschung zu enden.

Betrachten wir jetzt, wie vermieden wird: Situationsvermeidung und Erlebnisvermeidung wird durch weggehen, sich zurückziehen, nichts tun oder ausweichen hergestellt. Emotionsvermeidung erfordert zusätzliche Mittel. Eine Methode ist Ablenkung: Manche Menschen arbeiten 60 Stunden pro Woche, anstatt sich z. B. um Partnerschaft zu kümmern. Sie sind dann am Abend und am Wochenende typischerweise zu müde, um noch wegzugehen, Freunde zu treffen oder neue Kontakte zu knüpfen. Außerdem werden sie mit Anerkennung und Geld belohnt. Andere sitzen die ganze Zeit vor Computerspielen, sehen fern, lesen Bücher und lenken sich dadurch ab. Bei den Spielen, Filmen und Büchern achten sie jedoch darauf, dass die Themen Partnerschaft und Liebe darin nicht vorkommen. Es gibt weitere Alternativen, um bestimmte Emotionen nicht zu haben. Man kann intensiv Sport machen. Man kann Alkohol trinken oder Cannabis rauchen, man kann zu viel essen oder auch fasten und dadurch an nichts anderes als Essen denken. Eine weitere wichtige Möglichkeit ist Dissoziation. Es handelt sich dabei um eine Art Trancezustand, der mehr oder weniger stark sein kann und dazu führt, dass die Wirklichkeit nur noch durch eine Art Nebel oder wie durch eine Watteschicht wahrgenommen wird. Dissoziation hilft, sich von der unmittelbaren Wahrnehmung der Realität mit seinen fünf Sinnen zu entfernen. Jeder Mensch kennt solche dissoziativen Zustände. Stellen Sie sich vor, Sie arbeiten im Büro sehr konzentriert am Computer und Ihr Kollege ruft Sie: »Komm wir müssen los zu dem Meeting!«. Dann kann es sein, dass Sie das durch einen dissoziativen Mechanismus im ersten Moment einfach nicht hören. Oder Sie fahren auf der Autobahn und unterhalten sich angeregt. Plötzlich ist ein Stau und Sie wissen nicht, zwischen welchen Abfahrten Sie sich eigentlich befinden. Auch dieses Phänomen ist durch Dissoziation zu erklären und dieser Mechanismus ist genau der, den man auch aktiv einsetzen kann, um Emotionen abzuschalten. Das Abschalten von Emotionen ist jedoch nicht spezifisch möglich, es trifft dann unangenehme wie angenehme emotionale Zustände in ähnlicher Weise.

Die Wissenschaft zeigt, dass viele Menschen mit Depression ein sehr ausgeprägtes Vermeidungsverhalten haben. Die Betroffenen selbst empfinden Vermeidung zunächst eher als Bestandteil der Lösung von Problemen und glauben nicht, dass Vermeidung Teil der Erkrankung sein könnte. Vermeidung wird zunächst auch als Entlastung und Schonung wahrgenommen und kann im ersten Moment als Erleichterung und gute

Lösung empfunden werden. Oft wird depressiven Menschen von ihrer Umgebung oder auch von Fachleuten Vermeidung zur Schonung und Stressabbau empfohlen. Vermeidungsverhalten hat aber einen hohen Preis. Wenn Menschen unangenehme Dinge vermeiden, bekommen sie auch die wünschenswerten Dinge in sehr viel geringerem Umfang. Viele glauben auch, dass sich unangenehme Dinge nur deswegen nicht ereignen, weil sie Situationen oder Emotionen vermieden haben. Das ist eine zusätzliche Falle, denn dafür gibt es auch andere Erklärungen. Wenn Sie hier unsicher sind, ob Sie zu viel Vermeidungsverhalten zeigen, dann schreiben Sie eine Liste, was Sie alles nicht tun, was Sie gerne mindestens einmal in Ihrem Leben tun würden. Lassen Sie dabei alle Begründungen weg, warum Sie etwas nicht tun. Lassen Sie die Liste auf sich wirken, zeigen Sie sie einer vertrauten Person oder einem Psychotherapeuten.

Zwischenmenschliche Schwierigkeiten

Viele Menschen mit Depression klagen über zwischenmenschliche Schwierigkeiten. Sie fühlen sich ausgeschlossen, verlassen, einsam, unverstanden oder ungeliebt. Die meisten erleben das als schicksalhaft, von außen kommend. Die Wissenschaft sagt jedoch, dass bei einem erheblichen Anteil der Menschen mit Depression persönliche Faktoren eine wichtige Rolle spielen. Insbesondere haben Menschen mit Depression häufig Fertigkeitendefizite im Bereich der sozialen Kognition[4]. Das bedeutet, es fällt ihnen schwer, gute Hypothesen dazu zu bilden, wie andere Menschen sich in bestimmten Situationen verhal-

---
4   Soziale Kognition beschreibt, wie Menschen Informationen über andere Menschen und zwischenmenschliche Situationen auswerten, erinnern und anwenden. Sie beschreibt die Rolle von Wahrnehmen und Denken in der zwischenmenschlichen Interaktion.

ten werden und wie sich ihr eigenes Verhalten auf andere Menschen auswirkt. Dadurch verhalten sie sich so, dass sie andere Menschen vor den Kopf stoßen, sie wirken feindselig, ohne dies zu beabsichtigen. Ähnlich wie Vermeidungsverhalten führen Fertigkeitendefizite im zwischenmenschlichen Bereich dazu, dass Menschen nicht in ausreichender Weise bekommen, was sie brauchen oder was sie sich wünschen. Insgesamt erhalten sie auf dieser Weise weniger Belohnung als Menschen, die sich geschickter verhalten. Da man für eigene Fertigkeitendefizite zwangsläufig nur ein eingeschränktes Bewusstsein haben kann, ist diese Angelegenheit ein sehr wichtiger Punkt für die Gesprächsagenda mit Ihrem Psychotherapeuten. Lassen Sie sich nicht durch Scham, dass Sie möglicherweise nicht alles richtig gemacht haben, davon abhalten, über diesen Punkt der Fertigkeitendefizite nachzudenken. Niemand macht alles richtig.

Probleme mit der Emotionsregulation

Menschen mit Depression haben häufig Schwierigkeiten mit ihren Emotionen. Ein erster Punkt ist fehlende Feinkörnigkeit. Wie bereits erwähnt, bedeutet Feinkörnigkeit, ein breites Repertoire von emotionalen Zuständen zu kennen, benennen zu können und differenziert entlang dieser Zustände handeln zu können. Eine typische erste Folge fehlender Feinkörnigkeit ist, dass die Betroffenen Emotionen nicht ausreichend wahrnehmen und unterscheiden können. Sie treffen eher Bewertungen, dass sie sich gut oder schlecht fühlen, aber ansonsten fällt es ihnen schwer, wirklich genau zu benennen, in welchem inneren Zustand sie sind. Dies gilt für die Selbstwahrnehmung, und auch für die Wahrnehmung emotionaler Zustände bei anderen Menschen. Hier ist bereits eine sehr feine Ebene bedeutsam. Wenn jemand beispielsweise Angst und Scham auf der Ebene der Wahrnehmung nicht genau voneinander unterscheiden kann, wird er bestimmte zwischenmenschliche Situationen als gefährlich wahrnehmen und vermeiden, anstatt zu überlegen, welche Spielregeln er befolgen sollte, um gut durch die Situation zu kommen. Da Emotionen eine wichtige Rolle in der Feinsteuerung des Verhaltens in vielen Situationen spielen, ist emotionale Feinkörnigkeit vor allem dann entscheidend, wenn es darum geht, sich in einer überraschend auftretenden, neuen Situation möglichst geschickt zu verhalten.

Eine weitere Schwierigkeit kann eine fehlende Fähigkeit sein, entgegengesetzt zu einer Emotion zu handeln. Jede Emotion schlägt eine bestimmte Richtung des Verhaltens vor, zwingt jedoch nicht zu diesem Verhalten. Angst schlägt Menschen beispielsweise vor, zu vermeiden oder auf Abstand zu bleiben. Es gibt aber viele Beispiele, in denen es ganz klar nützlich ist, entgegengesetzt zur Angst zu handeln. Das ist Bestandteil guter Kindererziehung. Jedes Kind hat eine angeborene Angst vor tiefem Wasser. Gute Erziehung schließt ein, dass man etwa ab dem vierten Lebensjahr mit den Kindern schwimmen übt, beispielsweise indem man sie bei einem Schwimmkurs anmeldet. Die Kinder lernen dann, trotz anfänglicher Angst, ins Wasser zu gehen und zu schwimmen. Sie werden in der Folge viel weniger Angst haben, aber hoffentlich immer noch Respekt vor tiefem Wasser. Seinem Kind zu vermitteln, dass es dem Wasser doch besser fernbleiben soll, wenn es Angst hat, wäre keine gute Vorbereitung auf das spätere Leben. Situationen aus dem Erwachsenenalter zeigen ebenfalls, wie wichtig entgegengesetztes Handeln sein kann. Stellen Sie sich vor, Sie hatten eine heftige Auseinandersetzung mit einem Kollegen, waren deshalb zwei Wochen krankgeschrieben und jetzt stehen Sie vor der Aufgabe, wieder zu ihrer Arbeitsstelle zu gehen. Es ist logisch, in dieser Situation Angst zu haben. Das Problem ist nur: Wenn Sie dieser Angst folgen, riskieren Sie, langfristig

Ihre Arbeitsstelle zu verlieren. Wenn Sie die Rückkehr an den Arbeitsplatz aufschieben, werden Sie erleben, dass die Angst kurzfristig nachlässt, langfristig aber eher größer wird. Wenn Sie sich jedoch entschließen, trotz der Angst arbeiten zu gehen, wird die Angst kurzfristig zunehmen und Sie werden am ersten Tag auf der Arbeitsstelle möglicherweise sehr angespannt sein. Trotzdem ist es wichtig, als Erwachsener genau diese Möglichkeit in seinem Repertoire zu haben. Wer damit Probleme hat, entgegengesetzt zu handeln, wird langfristig vermutlich weniger Belohnung einsammeln als jemand, der das kann.

Eine weitere Emotionsregulationsfertigkeit neben dem entgegengesetzten Handeln ist es, Emotion abzuschwächen. Menschen können sich beispielsweise bei Trauer selbst trösten oder den Trost und die Unterstützung anderer suchen. Diese Fertigkeit ist besonders wichtig im Umgang mit Misserfolgen, Unfällen, Pannen und jeder Art von traurigen Ereignissen. Wer sich durch andere trösten lässt und sich selbst trösten kann, kommt nach einem Misserfolg deutlich schneller wieder auf die Beine als jemand, der in der Trauer über einen Verlust hängenbleibt. Manchmal ist es auch wichtig, angenehme Emotionen abzuschwächen. Stellen Sie sich vor, Sie sind in jemanden verliebt, der für Sie als Partner gar nicht geeignet ist. Da ist es sehr hilfreich, in der Lage zu sein, einen Schritt zurückzutreten.

Menschen mit Depression sind häufig in ihren Emotionsregulationsfertigkeiten eingeschränkt. Wenn Sie selbst an einer Depression leiden, ist die Frage, ob das auch auf Sie persönlich zutrifft, ein wichtiger Punkt, den Sie mit Ihrem Psychotherapeuten diskutieren sollten. Auch hier gilt: Lassen Sie sich nicht durch Scham zurückhalten, bei dieser Angelegenheit genau hinzusehen.

Metakognition

Viele Menschen mit Depression haben Probleme mit etwas, das Fachleute metakognitive Steuerung nennen. Metakognition bezeichnet das Denken über das Denken. Wenn Sie beispielsweise in der Schule als Hausaufgabe eine Liste mit englischen Vokabeln gelernt haben, dann wissen Sie danach nicht nur, mehr oder weniger gut, die darauf enthaltenen Wörter. Sie wissen auch, wie gut sie das ganze gelernt haben. Das gilt jedenfalls dann, wenn Sie ein erfolgreicher Schüler sind. Wenn Sie Schwierigkeiten in der Schule haben, werden Sie Ihr Wissen überschätzen und zu wenig lernen oder es unterschätzen und zu viel Aufwand betreiben. Das Wissen über den eigenen Lernfortschritt ist ein Beispiel für Metakognition. Wenn Sie einen entfernten Bekannten treffen, werden Sie möglicherweise sein Gesicht erkennen und wissen, das ist ein Bekannter. Dann kann es sein, dass Sie denken: »Ich weiß irgendwo seinen Namen, auch wenn er mir gerade nicht einfällt.« Der Name liegt Ihnen auf der Zunge. Vermutlich haben Sie eine Strategie, wie Sie damit umgehen. Die meisten Menschen lenken sich in so einer Situation kurz ab, dann besteht eine gute Chance, dass das Gehirn den Namen einfach liefert. Dieses Vorgehen ist ein eingängiges Beispiel für eine metakognitive Strategie.

Eine problematische metakognitive Strategie in der Aufarbeitung von Problemen ist Grübeln. Grübeln ist definiert als kreisförmige gedankliche Beschäftigung mit einem Thema aus der Vergangenheit. Grübeln hat häufig die Form von Fragen wie »Warum habe ich ausgerechnet diesen Beruf ergriffen?«, »Warum habe ich gerade diese Frau geheiratet?«, »Warum bin ausgerechnet ich krank geworden?«, »Warum habe ich dieses Problem nicht früher bemerkt?«. Wie man an den Beispielen sieht, handelt es sich dabei um Fragen, die sehr schwer zu beantworten sind. Da es keine Antwort gibt, werden sie immer wieder gestellt. Beim Grübeln fehlt also eine Stopp-Regel. Menschen, die grübeln, erleben das Grübeln auf der einen Seite als sinnhaft, sie versprechen sich davon Antworten, die Ihnen weiterhelfen und sie zukünftig vor Fehlern schützen. Gleichzeitig wird Grübeln als belastend, die Stimmung zerstörend oder Schlaf verhindernd erlebt. Grübeln kann einen regelrecht wahnsinnig machen. Grübeln ist zunächst eine aktiv betriebene Strategie. Bei häufiger Anwendung ist Grübeln aber schwer zu steuern, da es automatisiert angewendet wird.

Eine weitere problematische metakognitive Strategie, mit dem Ziel, Sicherheit herzustellen, sind Sorgen. Sorgen sind definiert als kreisförmige Beschäftigung mit zukünftigen ungünstigen Ereignissen. Die typische Struktur von Sorgen sind Was-wenn-Fragen: »Was, wenn mir ein Unfall passiert?«, »Was, wenn ich nie wieder gesund werde?«, »Was, wenn mich mein Partner verlässt?«, »Was, wenn ich meine Arbeit verliere?«, »Was, wenn ich plötzlich ganz allein dastehe und einsam bin?«. Wie man sieht, handelt es sich dabei wie beim Grübeln um letztlich nicht beantwortbare Fragen. Auch hier gibt es keine Stopp-Regel, die Sorgen können im Kreis immer weitergehen. Sorgen sind eine prinzipiell aktiv betriebene Strategie. Menschen, die sich Sorgen machen, versprechen sich dadurch Sicherheit oder eine bessere Vorbereitung auf zukünftige Katastrophen. Gleichzeitig fühlen sie sich durch Sorgen belastet und geraten in einen Dauerzustand ängstlicher Anspannung. Auch Sorgen werden häufig als schwer steuerbar erlebt.

Eine dritte problematische metakognitive Strategie heißt Bedrohungsmonitoring. Dabei richtet man eine spezifische Aufmerksamkeit auf tatsächlich oder möglicherweise bedrohliche Dinge. Der Gegenstand des Bedrohungsmonitoring kann sehr unterschiedlich sein. Bei Depression beispielsweise ist es häufig, dass Menschen ein Bedrohungsmonitoring auf fehlende Energie machen. Sie wachen morgens auf, horchen in sich hinein und fragen sich, ob sie genug Energie für den Tag haben. Wenn sie keine Energie spüren, bleiben sie liegen. Dieses Bedrohungsmonitoring schützt natürlich vor blamablen Situationen von Energielosigkeit im Kontakt mit anderen. Gleichzeitig muss man sich eingestehen, dass die Frage, ob man genug Energie für den Tag hat, kaum dadurch zu beantworten ist, dass man in sich hineinhört. Ein anderer häufiger Gegenstand von Bedrohungsmonitoring ist Ablehnung oder Beurteilung durch andere Menschen. Wenn ich jedoch im Kontakt mit anderen Menschen immer darauf achte, ob ihr Gesichtsausdruck Ablehnung oder Abwertung bedeutet, dann werde ich mich sehr viel häufiger zurückgewiesen fühlen als ohne Bedrohungsmonitoring. Das bedeutet, dass der Versuch, sich vor Zurückweisung zu schützen, paradoxe Effekte haben kann.

Wissenschaftliche Studien zeigen, dass Probleme auf der Ebene der Metakognition bei Menschen mit Depression sehr häufig sind. Die Frage, ob und welches spezifische metakognitive Problem besteht, wenn Sie an einer Depression leiden, ist deswegen ein wichtiges Thema für die Gesprächsagenda mit Ihrer Psychotherapeutin.

Lassen Sie uns untersuchen, wie sich die beschriebenen vier Symptombereiche – Vermeidung, zwischenmenschliche Schwierigkeiten, Emotionsregulation und Metakognition – bei Laura und Peter aus unseren beiden Fallbeispielen auswirken:

◾ *Laura*

Bei der Studentin Laura stehen ganz klar Grübeln und Sorgen im Vordergrund. Sie stellt sich fortlaufend Fragen wie: »Warum bin ich so ängstlich?«, »Warum hat mich mein Vater im Stich gelassen?«, »Warum konnte ich als Kind nicht mehr Mut entwickeln?«, »Was, wenn ich das Studium nicht schaffe?«, »Halten mich die anderen für dumm und hässlich?«. Hinzu kommt ein erhebliches Bedrohungsmonitoring. In Kontakten mit ihren Studienkolleginnen überprüft sie ständig deren Gesichtsausdruck und sucht nach Zeichen von Ablehnung. Sie horcht andauernd in sich hinein und überprüft, ob sie genug Energie hat. Sie vergleicht sich immerzu mit anderen, vor allem in den Bereichen »von Anderen gemocht werden« und »Studienleistungen« und kommt dabei zu dem Schluss, dass sie mit anderen nicht mithalten kann. Aus diesen gedanklichen Prozessen ergeben sich fortlaufend ausgeprägte Traurigkeit, Scham und Rückzug. ■

Das Vermeidungsverhalten bei Laura ist subtil. An der Oberfläche macht sie ja alles, was man von einer Frau in ihrem Alter erwartet. Sie vermeidet jedoch bei genauem Hinsehen engeren Kontakt mit Frauen und Männern, die sie für attraktiver und leistungsfähiger einschätzt als sich selbst. Sie geht damit möglicherweise schmerzhaften Vergleichen aus dem Weg. Dass ihre Partnerwahl mit Ferdinand auf einen ebenfalls kranken gleichaltrigen Mann gefallen ist, hängt eng mit diesem Vermeidungsverhalten zusammen. Vergleichsprozesse mit ihm fallen für sie nicht so negativ aus. Um den ständigen Zweifeln an ihrer Leistungsfähigkeit aus dem Weg zu gehen, lernt Laura sehr viel. Sie hat dadurch gute Leistungen in ihrem Studium, die sie aber nicht als belohnend erlebt. Laura hat auch ausgedehnte dissoziative Zustände. Ihre Freunde sagen dann: »Laura, manchmal bist du gar nicht richtig da!«

Laura kann nicht richtig einschätzen, wie sich ihr zurückhaltendes Verhalten und die immer wieder geäußerten Selbstabwertungen auf ihr zwischenmenschliches Umfeld auswirken. Es gibt Kommilitonen, die Laura für arrogant und nicht besonders kooperationswillig halten. Laura hat wenig Bewusstsein dafür, was tatsächlich passieren würde, wenn sie ihre zurückgezogene Rolle in ihrem Umfeld aufgeben würde.

Entgegengesetztes Handeln bei Scham ist ein Thema, das für Laura überwältigend schwer ist. Trotz eines Gefühls von Scham auf andere zuzugehen oder sich in einem Seminar zu melden, erscheint Laura unmöglich und wurde von ihr bisher nie als Möglichkeit getestet. Laura nimmt Emotionen typischerweise als schwer differenzierbares Gemisch war. Sie fühlt sich einfach schlecht und schenkt der Frage »Welche Emotion ist das eigentlich gerade?« kaum Aufmerksamkeit. Sie wünscht sich einfach nur, dass es ihr besser oder zumindest weniger schlecht geht.

■ Peter
Bei Peter steht Vermeidungsverhalten ganz im Vordergrund. Für Peter war erfolgreiches Arbeiten und die damit verbundene Anerkennung die wesentliche Quelle von Verstärkung. Der zunächst gesundheitsbedingte Rückzug im Beruf und dann der weitere Rückzug zur Stressvermeidung haben Peter von dieser Möglichkeit Verstärkung zu bekommen erst einmal abgeschnitten. Während Peter vor seiner Erkrankung kleine und größere Konflikte am Arbeitsplatz für einen normalen Bestandteil seiner Tätigkeit hielt, erwartete er nach seiner Rückkehr nach dem Herzinfarkt von seinen Kollegen, dass sie ihn davon fernhalten. Dies konnte natürlich nicht gelingen und Peter reagierte sehr gereizt, was die jeweiligen Situationen eskalierte und paradoxerweise dazu führte, dass seine Arbeitssituation real belastender war als vorher. Eine wichtige Rolle bei der Entwicklung der Situation spielte die Information zum Herzinfarkt von Ärzten und in Literatur, die er gelesen hatte, dass es nämlich günstig wäre, Stresssituationen zu vermeiden. Peter ließ sich also erneut krankschreiben. Zu Hause und während der Klinikbehandlung gelang es ihm aber nicht, für sich ein alternatives Lebensmodell zu entwickeln, wie er sich verhalten könnte, um auf andere Weise Belohnung zu bekommen als wie bisher durch seine besondere Belastbarkeit bei

der Arbeit. Er entwickelte auch kein Modell, wie er die letzten Jahre seiner Berufstätigkeit so gestalten könnte, dass es mit seiner Gesundheit vereinbar wäre. Aus Sicht seiner Firma ist Peter nach wie vor ein wichtiger Fachmann, den man gerne im Betrieb behalten würde. Stattdessen sitzt Peter nun zu Hause, sieht fern, geht ab und zu spazieren und tut sonst wenig. Seine Frau sagt zu ihm: »Du hast dich ganz verändert, du packst überhaupt nichts mehr an!«

Der zweite wichtige Punkt bei Peter betrifft metakognitive Prozesse. Er grübelt und beschäftigt sich mit Fragen: »Warum hat ausgerechnet mich ein Herzinfarkt erwischt?«, »Warum habe ich früher nicht besser auf meine Gesundheit geachtet?«, »Warum funktioniert das nicht mehr an meinem Arbeitsplatz?«. Er hat Sorgen: »Was, wenn es mir noch schlechter geht?«, »Was, wenn ich erneut einen Herzinfarkt habe?«. Er führt intensive Vergleichsprozesse durch. Dabei vergleicht er sich mit seiner Erinnerung, wie er früher war, und er vergleicht sich mit jüngeren Kollegen aus derselben Berufsgruppe. Bei beiden Vergleichen schneidet er schlecht ab. Peter glaubt, dass das Grübeln nicht steuerbar ist. Grübeln ist seine Haupttätigkeit, wenn er nachts wach liegt.

Ein dritter Punkt liegt bei Peter im Bereich der Emotionsregulation. Er hat sich schon immer schwergetan, wenn Dinge nicht sofort klappten oder nicht fehlerlos waren, wie es sein Anspruch war. Aus diesem Grund hörte er mit 40 auf, Sport zu machen. Beim Fußball war er nicht mehr so gut wie als jüngerer Mann und mit einer anderen Sportart anzufangen, fand er mühselig. Das ist jetzt auch ein wichtiger Hintergrund, warum er die Empfehlungen seiner Ärzte zum Gesundheitsverhalten nicht umsetzt. Er hat einzelne Versuche mit möglichen Sportarten gemacht, zum Beispiel Nordic Walking oder ein Probetraining im Fitnessstudio. Beides fand er aber zuerst einmal als unangenehm und blieb nicht dabei. Nachdem er in der kardiologischen Klinik auf den dringenden Appell seiner Ärzte hin mit dem Rauchen aufge-

hört hatte, litt er unter heftigen Entzugserscheinungen. Diese Entzugserscheinungen bekämpfte er durch das Essen von Süßigkeiten, was sein Übergewicht letztlich weiter erhöhte. Insgesamt fällt Peter entgegengesetztes Handeln vor allem bei unangenehmen inneren Zuständen offensichtlich schwer.

Peter hatte immer eine gute soziale Kompetenz. Sein Verhandlungsgeschick wurde am Arbeitsplatz sehr geschätzt, er wurde als umgänglich und freundlich wahrgenommen. Auch seine Frau schätzte seine freundliche, humorvolle und hilfsbereite Haltung. Man kann also bei ihm nicht von einem grundsätzlichen Fertigkeitendefizit im zwischenmenschlichen Bereich ausgehen. Unter dem Druck der Erkrankung war der Einsatz seiner Fertigkeiten jedoch beeinträchtigt, er hatte wenig Bewusstsein für die Auswirkungen seines gereizten Verhaltens auf seine Kollegen am Arbeitsplatz und zu Hause auf seine Frau.

Risikofaktoren für Depression

Trotz des enormen Fortschritts in der Wissenschaft (Neurowissenschaften, Psychologie) gibt es zum gegenwärtigen Zeitpunkt keine belastbare universelle Theorie zur Entstehung der Depression. Aus unserer Sicht ist es sehr wichtig, sich dieses Unwissen einzuräumen. Dies gilt für die Betroffenen wie für Ärzte und Psychologen. Unbewiesene Annahmen zur Ursache von Depression einfach zu glauben, kann zu einer erheblichen Beeinträchtigung von Therapien führen. Wenn man zum Beispiel glaubt, dass Depression eine nach den Gesetzmäßigkeiten der klassischen Genetik vererbte Erkrankung ist, dann führt dies bei den Betroffenen zu einem Nachlassen ihrer Anstrengungen, es führt zu erheblichen Ängsten um die Kinder der Betroffenen und es führt zu einem erhöhten Stigma, also Ablehnung durch andere Menschen. Missverstandene genetische Theorien führen dazu, dass Menschen glauben, dass Personen mit Depression sozusagen Angehörige einer anderen Spezies sind. Auch unreflektierte psychologische Theorien können toxische Effekte haben. Beispielsweise hat die Annahme, fehlende mütterliche Zuwendung im ersten Lebensjahr sei regelhaft für Depression verantwortlich, den Effekt, dass sich Eltern von Menschen mit Depression schuldig fühlen und die Beziehung von Betroffenen zu ihren Eltern beeinträchtigt wird. Naive psychologische Annahmen wie »Depressive denken falsch« trivialisieren depressive Erkrankungen und beeinträchtigen psychotherapeutische Anstrengungen. Natürlich liegt in allen diesen Theorien ein Korn Wahrheit: Vernachlässigung in der Kindheit ist ein wichtiger Risikofaktor für Depression und kognitive Verzerrungen spielen eine wichtige Rolle bei Depression, sie stehen sogar im

Mittelpunkt einer Therapiemethode, der kognitiven Therapie. Das Problem liegt also nicht vorrangig in der Richtigkeit, sondern in der Verkürzung und Verfälschung der Wahrheit oder in der groben Vereinfachung.

Während die Wissenschaft nur wenig über Ursachen der Depression weiß, ist ein gutes Wissen über ihre Risikofaktoren vorhanden: Ereignisse wie ein schlecht funktionierendes Elternhaus, Vernachlässigung, emotionaler oder sexueller Missbrauch erhöhen das Risiko für psychische und körperliche Erkrankungen über die gesamte Lebensspanne hinweg. Jedoch spielt der Faktor ungünstige Kindheitsereignisse vor allem bei chronischer Depression mit Beginn im jungen Erwachsenenalter eine besondere Rolle. Auch ungünstige Erfahrungen mit den gleichaltrigen Kindern und Jugendlichen, wie ausgeschlossen oder schikaniert werden, sind Risikofaktoren. Schon in der Jugend, aber besonders im Erwachsenenalter sind schwere körperliche Erkrankungen ein wichtiger Risikofaktor, ebenso wie Rauchen und interessanterweise auch das Beenden des Rauchens. Dies gilt besonders für depressive Erkrankungen jenseits des 50. Lebensjahr bei Menschen, die vorher psychisch gesund waren.

Der aktuelle Stand der Genetik lässt sich etwa so zusammenfassen. Schätzungen der Heritabilität auf der Grundlage von Einzelnukleotid-Polymorphismen[5], der hierzu aktuell modernsten Methode, gehen davon aus, dass etwa 30 Prozent des Risikos, an einer Depression zu erkranken, vererbt ist. In

---

5   Ein Einzelnukleotid-Polymorphismus (SNP) ist eine Variation eines Basenpaares in einem komplementären DNA-Doppelstrang. SNP sind geerbte und vererbbare genetische Varianten. Sie können in kodierenden und nicht-kodierenden Genabschnitten liegen. Während diese Varianten früher für bedeutungslos gehalten wurden, geht man heute davon aus, dass sie in komplexer Weise das Risiko für bestimmte Erkrankungen beeinflussen.

die mit dieser Methode durchgeführte Schätzung gehen sowohl klassisch genetische wie epigenetische Mechanismen ein. Ein »Depressionsgen« wurde bisher nicht gefunden, d.h. es gibt kein einzelnes Gen, das einen wesentlichen Anteil des Risikos, an Depression zu erkranken, erklärt.

Die Aufrechterhaltung von Depression

Sie haben schon in der Einleitung gelesen, dass sehr viele Menschen kurze depressive Episoden erleben, die dann vollständig wieder abklingen. Das bedeutet, dass das Risiko, überhaupt Depression zu erleben, außerordentlich weitverbreitet ist. Sehr viel wichtiger als die Frage, ob ein Mensch überhaupt an Depression erkrankt, ist deshalb die Frage, warum bei vielen Menschen Depression ein eng begrenztes Ereignis ist und bei anderen lange dauert oder chronisch verläuft. Aus diesem Grund spielen sogenannte aufrechterhaltende Mechanismen, die verhindern, dass Depression spontan heilt, für Überlegungen zur Behandlung eine ganz wesentliche Rolle. Die moderne Psychotherapie hat eine ganze Reihe von Mechanismen identifiziert, die Depression aufrechterhalten können. Auf sie gründen sich die wesentlichen aktuellen Störungstheorien, die wir im Folgenden genauer erläutern möchten. Diese Störungstheorien sind dann die Grundlage psychotherapeutischer Interventionen.

Verstärkerverlust

Das Verstärkerverlustmodell ist eines der wichtigen Erklärungsmodelle dafür, wie Depression aufrechterhalten wird. Eine zentrale Annahme dabei ist, dass positive Verstärkung für Verhalten erforderlich ist, um Wohlbefinden zu erzielen. Verstärkung bezeichnet Konsequenzen, die dazu führen, dass die Wahrscheinlichkeit ansteigt, dass ein Verhalten wiederholt wird. Positive Verstärkung ist typischerweise mit einem angenehmen emotionalen Zustand verbunden. Negative Verstärkung ist damit verbunden, dass ein unangenehmer emotionaler Zustand oder Schmerz nachlässt. Das wird sich jetzt erst mal sehr abstrakt an. Betrachten wir deshalb zwei Beispiele, die sich zwischen denselben Personen, nämlich Laura und ihrem Freund Ferdinand, abspielen.

■ *Situation A*
Beispiel für gegenseitige positive Verstärkung in einer freundschaftlichen Beziehung:
Laura kommt um 18:30 Uhr nach der letzten Vorlesung zurück in die Wohngemeinschaft in ihrem Studentenwohnheim. Ferdinand wartet schon auf Sie. Er umarmt sie und sagt: »Schön, dass du da bist. Ich habe mich schon auf dich gefreut. Ich habe uns etwas zu essen eingekauft. Du magst doch so gerne Avocado und Mozzarella. Wir können gleich anfangen, uns einen Salat zuzubereiten.« Laura sagt: »Ich habe mich auch schon auf dich gefreut. Es ist total lieb, dass du eingekauft hast. Das ist genau etwas, worauf ich jetzt Lust habe!« Die beiden gehen zusammen in die Küche. ■

■ *Situation B*
Beispiel für mangelnde positive Verstärkung in einer freundschaftlichen Beziehung:
Laura kommt um 18:30 Uhr nach der letzten Vorlesung zurück in die Wohngemeinschaft in ihrem Studentenwohnheim. Sie findet Ferdinand in seinem Bett liegend. Das Zimmer riecht nach Gras. Ferdinand sagt: »Ich habe noch gar nicht mit dir gerechnet. Ich finde es total ätzend, dass du immer in jede Vorlesung gehen musst. Ich habe dazu keine Lust.« Laura sagt: »Du hast mir doch versprochen, kein Cannabis mehr zu rauchen. Jetzt liegst du wieder total fertig im Bett.« Laura verlässt das Zimmer. Sie sucht in der Küche vergeblich nach etwas Essbarem. Sie verlässt erst mal das Haus, um noch einkaufen zu gehen. ■

Was passiert, wenn Sie die beiden Situationen vergleichen und sich in Laura und Ferdinand hineinversetzen? In Situation A werden Sie vermutlich Freude und Verliebtheit miterleben, in Situation B dagegen Ärger und Enttäuschung. Wie kommt das zustande? Situation A ist von gegenseitiger Belohnung gekennzeichnet, während in Situation B gegenseitige Bestrafung stattfindet und Belohnung ausbleibt. Natürlich macht Situation A für sich allein noch kein glückliches Leben und Situation B keine Depression. Das menschliche Leben ist aber eine Aufeinanderfolge zwischenmenschlicher Begegnungen, und wenn Sie Situationen wie Situation B in hoher Frequenz und Dosis haben, dann ist es fast unausweichlich, dass Sie sich deprimiert fühlen werden. Auch eine noch so optimistische Grundhaltung wird Sie davor nicht schützen können.

▪ *Fortsetzung Situation B*
Beispiel für negative Verstärkung in einer freundschaftlichen Beziehung:
Laura geht erst einmal in einen Supermarkt. Sie ist hungrig. Sie erinnert sich daran, dass Pudding sie als Kind immer beruhigt hat. Sie kauft einen Sechserpack Fertigpudding und sagt sich, ich bin zu sehr durcheinander, um mir etwas kochen zu können. Dann geht sie zurück in die Wohngemeinschaft. Ferdinand schläft weiter. Laura setzt sich hin und isst die Sechserpackung Pudding auf. Sie grübelt, was sie falsch gemacht hat, dass Ferdinand so sauer auf sie ist. Sie entschließt sich, Ferdinand nicht mehr wegen seines Drogenkonsums zu kritisieren. Am nächsten Morgen ist Ferdinand zwar verkatert, aber freundlich zu ihr. Laura spricht in den nächsten Wochen nicht mehr über Drogen und hält sich auch mit anderer Kritik zurück. Sie fühlt sich unglücklich. Dass Ferdinand vergleichsweise freundlich zu ihr ist, erklärt sie sich aus ihrer Zurückhaltung. ▪

Wenn durch Lebensereignisse oder Veränderungen im Umfeld die Zahl oder Qualität der Verstärkungserlebnisse sinkt, dann spricht man von Verstärkerverlust. Verstärkerverlust kann auf sehr vielfältige Weise entstehen. Schauen wir uns einfach eine Reihe von weiteren Situationen an, die das erläutern.

■ *Die 25-jährige Johanna wird für sie völlig überraschend von ihrem Freund verlassen. Sie empfindet Ärger, Scham und Trauer. Auch ein Jahr später trauert sie noch. Obwohl partnerschaftliche Beziehung für sie ein hoher Wert ist, verabredet sie sich seit der Trennung nicht mehr mit Männern.*

Der 30-jährige Louis hat Kunstgeschichte studiert. Da er nicht sehr fleißig war, ist sein Abschluss nur mittelmäßig. Er will unbedingt eine universitäre Stelle in seinem Bereich haben, erhält aber eine Absage nach der anderen. Er lebt weiter in seiner Studenten-Wohngemeinschaft und hält sich mit Aushilfsarbeiten finanziell über Wasser. Berufliche Alternativen zieht er nicht in Erwägung.

Die 15-jährige Annelie streitet sich mit ihrer Freundin Vanessa. Beide gehen in dieselbe Klasse einer Gemeinschaftsschule. Vanessa kündigt ihr daraufhin die Freundschaft auf. Zusätzlich bringt sie eine Reihe von anderen Mädchen in der Klasse dazu, nicht mehr mit Annelie zu sprechen. Sie plaudert intime Geheimnisse von Annelie in der Schule aus. Annelie empfindet intensive Scham, wenn sie in die Klasse kommt, und spricht auch selbst nicht mehr mit ihren Klassenkameradinnen.

Der 40-jährige Theo arbeitet in einer Unternehmensberatung. Er hatte im letzten Jahr einen neuen Vorgesetzten bekommen. Dieser kritisiert ihn ständig. Es gibt keine Anerkennung mehr für seine Arbeit. Theo hat sich gerade eine neue Wohnung gekauft und will keinesfalls kündigen und umziehen.

Der 55-jährige Paul arbeitet als Krankenpfleger. Auf seiner Station sind 20 Prozent der Stellen nicht besetzt. Paul ist die Qualität seiner Arbeit sehr wichtig, er liebt seine Arbeit. Um die Standards zu halten, strengte er sich besonders an und arbeitet schneller als früher. Er gerät dadurch in einen Zustand, in dem er sich erschöpft und lustlos fühlt.

Die 20-jährige Emilie war auf dem Gymnasium eine hervorragende Schülerin und mit Abstand besser als die meisten ihrer Klassenkameradinnen. Jetzt im zweiten Jahr des Medizinstudiums hat sie fast ausschließlich mit ähnlich leistungsfähigen jungen Frauen und Männern zu tun. Sie versucht dies dadurch auszugleichen, dass sie fast pausenlos lernt. Sie vernachlässigt Sport, Freizeitaktivitäten und Freundschaften. Obwohl das Medizinstudium ihr großer Traum war, fühlt sie sich zunehmend enttäuscht.

Der 45-jährige Arno ist Betriebswirt und arbeitet für eine Bank. Er leitet ein Team, das Finanzprodukte vertreibt. Arno ist mit der Qualität dieser Produkte in gut nachvollziehbarer Weise unzufrieden. Er würde diese Geldanlagemöglichkeiten selbst nie auswählen. Er hatte als junger Mann einmal davon geträumt, einen Beitrag zu einer besseren Welt leisten zu können. Arno arbeitet sehr viel und wird hoch bezahlt. Am Abend fühlt er sich erschöpft und ausgebrannt. Er trinkt regelmäßig große Mengen Alkohol.

Bei der 55-jährigen Ute wurde vor zwei Jahren ein Zervixkarzinom diagnostiziert, operiert und mit Radiochemotherapie behandelt. Die Behandlung verlief ohne große Komplikationen. Die Frauenärztin an der Universitätsklinik, die Ute behandelte, sagt ihr, dass die Prognose sehr günstig ist. Ute leidet an den Folgen der Strahlenbehandlung: Sex ist schmerzhaft und weniger lustvoll als früher, sie hat häufig Bauchkrämpfe und Durchfälle, ihr

Gewicht ist erheblich gestiegen. Sie macht kein Sport mehr. Ihre Arbeit bei der Stadtverwaltung erlebt sie als gleichzeitig langweilig und belastend. Sie fühlt sich erschöpft und denkt darüber nach, frühzeitig in Rente zu gehen. ■

Was sind die Gemeinsamkeiten dieser Situationen? Wichtige Dinge im Leben fallen unwiederbringlich weg und werden durch nichts Anderes ersetzt. Das Leben verläuft nicht mehr entsprechend eigener Werte und Ziele. Werte können nur unter extrem hoher Anstrengung und zum Nachteil anderer Aktivitäten verfolgt werden. Dies wird unter dem Stichwort Verstärkerverlust zusammengefasst.

Was passiert hier unter einem lerntheoretischen Aspekt? Was entfällt, ist Verstärkung für gesundes Verhalten. Weiterhin wird Vermeidungsverhalten ebenfalls positiv verstärkt (belohnt) und negativ verstärkt (etwas Unangenehmes fällt weg oder tritt nicht auf, wenn man weiter vermeidet).

Was ist der Beitrag der Betroffenen? Alle Betroffenen sitzen in einer Verhaltensfalle. Es gibt keinen einfachen Weg, den oben beschriebenen misslichen Situationen zu entkommen. Im Regelfall erfordert der Veränderungsprozess, dass sie sich mit unangenehmen emotionalen Zuständen auseinandersetzen und Dinge tun müssen, die Angst und Scham auslösen können. Wir werden später noch einmal ausführlich darauf zurückkommen, was man tun kann, um dieser Falle zu entkommen (siehe Seite 168). Häufig handelt es sich um Veränderungen zweiter Ordnung, die zunächst kontraintuitiv erscheinen.

Zwischenmenschliche Fertigkeitendefizite

Die Verstärkerverlusttheorie ist ein wichtiger allgemeiner Rahmen für die Erklärung der Aufrechterhaltung von Depression. Weitere Theorien beschreiben ganz spezifische Wege, wie es zu Verstärkerverlust kommen kann. Dabei wird davon ausgegangen, dass bestimmte Fertigkeitendefizite eine zentrale Rolle in der Entstehung von Verstärkerverlust spielen können. Betrachten Sie folgende Beispiele:

■ *Situation A*
Laura möchte mit ihrer Freundin Paula, die im gleichen Studentenwohnheim wohnt, den Samstag am Strand in Travemünde verbringen. Sie klopft bei ihr an der Tür und sagt: »Paula, ich finde es überhaupt nicht gut, dass du dich so wenig um mich kümmerst! Andere Leute fahren an den Strand und wir sitzen hier in unserer stickigen Bude. Das ist nicht gut für dich und nicht gut für mich.«

■ *Situation B*
Laura möchte mit ihrer Freundin Paula, die im gleichen Studentenwohnheim wohnt, den Samstag am Strand in Travemünde verbringen. Sie klopft bei ihr an der Tür und sagt: »Darf ich hereinkommen und mich zu dir setzen?« Paula nickt. Laura: »Darf ich mir etwas wünschen?« Paula sagt: »Na klar!« Laura: »Ich würde gerne an den Strand nach Travemünde fahren und würde mir wünschen, dass du mitkommst, dann wäre ich nicht allein und wir hätten mehr Spaß. Kannst du das einrichten, heute oder morgen mitzukommen?«

Was glauben Sie, in welcher Sequenz hat Laura die größere Chance auf Erfolg? Wenn Sie das aus der Entfernung betrachten, ist Ihnen vermutlich sofort klar, dass B die geschickte

Lösung ist. Version A mit indirekter Ansprache eines Wunsches und Vorwurfskommunikation hat die geringeren Erfolgsaussichten. Interessanterweise hat eine wichtige Untergruppe von Menschen mit Depression wenig Bewusstsein für diesen Unterschied. Sie kommunizieren feindselig oder indirekt und wissen nicht, warum das nicht funktioniert. Schauen wir uns eine Reihe von Situationen an, die das Problem erläutern:

■ *Sofia ist 35 Jahre alt. Sie ist verheiratet. Sie beschreibt ihren Mann als grundsätzlich freundlich und liebevoll. Sie verhält sich ihm gegenüber sehr unterwürfig. Wenn er fragt: »Sofia, was meinst du, wohin sollten wir dieses Jahr in Urlaub fahren?«, sagt sie: »Finn, das musst du entscheiden, du hast da auch viel bessere Ideen als ich.« Tatsächlich hat sie heimliche Wünsche. Sie würde gerne an ruhige Orte am Meer fahren. Finn wählt typischerweise Ferienwohnungen in Orten aus, in denen viel gefeiert wird, da er selbst gerne in Sportsbars geht. Sofia ist es dort zu laut, auch stört es sie, wenn viele Menschen um sie herum Alkohol trinken.*

Die 28-jährige Marie ist seit drei Jahren mit dem gleichaltrigen Felix zusammen. Die Partnerschaft ist ihr sehr wichtig. Marie äußert nie sexuelle Wünsche. Wenn Felix mit ihr schlafen möchte, macht sie einfach mit. Sie empfindet den Sex mit Felix manchmal angenehm und manchmal unangenehm. Darüber spricht sie aber nicht. Sie denkt: »Wenn Felix ein wirklich guter Liebhaber wäre, würde er merken, wann ich nicht in Stimmung bin und Sex nicht gut für mich ist.« Sie denkt darüber nach, ob sie wirklich langfristig mit Felix zusammenbleiben sollte, obwohl sie ihn grundsätzlich als sehr unterstützend erlebt.

Der 35-jährige Moritz ist Kfz-Mechatroniker und arbeitet für ein kleines Autohaus. Er verliert seine Stelle, nachdem der Inhaber des Betriebs einen schweren Unfall hat und das Unternehmen aufgibt. Seiner Freundin Alina erzählte er das Ganze erst mit vier Wochen Verspätung. Alina ist ganz entsetzt. Moritz sagt: »Ich wollte dich nicht unnötig belasten.« Alina sagt: »Du hast anscheinend keinerlei Vertrauen zu mir.«

Der 20-jährige Vincent erfährt von seiner Freundin Luise, dass sie ein Erasmus-Semester in Spanien machen möchte. Er kann aufgrund seiner eigenen Studienplanung nicht mitkommen. Vincent sagt: »Dann fahr doch! Du hast dich doch noch nie besonders für unsere Beziehung interessiert. Wie es mir geht, ist dir ja völlig egal.«

Was sind die Gemeinsamkeiten dieser Situationen? Die Betroffenen verhalten sich entweder unterwürfig, sie sagen nicht, was sie denken, was sie sich wünschen, welche Bedürfnisse sie haben, oder sie verhalten sich aggressiv, indem sie andere kritisieren und Vorwürfe machen. Oder sie tun etwas, was in der Mitte zwischen unterwürfig und aggressiv liegt: Sie halten wichtige Informationen zurück.

Was passiert aus einer lerntheoretischen Perspektive? Unterwürfiges Verhalten vermeidet zunächst Diskussionen und Konflikte (negative Verstärkung). Manchmal besteht dieser Vorteil nur in der Fantasie, da der Partner vermutlich wohlwollend mit den Wünschen umgehen würde. Sofortiges aggressives Verhalten erspart langes Verhandeln und Nachdenken. Der gemeinsame Nachteil aller geschilderten Verhaltensweisen ist der, dass sie bei den Interaktionspartnern wirklich nicht gut ankommen und geeignet sind, Partnerschaften zu sprengen oder in Unzufriedenheit versanden zu lassen. Das bedeutet, dass das Verhalten mit großer Wahrscheinlichkeit in ein Verstärkerdefizit mündet.

Was ist der Beitrag der Betroffenen? Menschen mit Depression zeigen überdurchschnittlich häufig Verhaltensweisen, wie sie oben geschildert wurden. Dabei haben sie häufig kein Bewusstsein dafür, wie sich das Verhalten mittelfristig und langfristig auf ihre Partner auswirkt.

Defizite in der Emotionsregulation

Fertigkeitendefizite in der Emotionsregulation sind ein weiterer Pfad, der zu Verstärkerverlust führt. Auch das hört sich erst mal sehr abstrakt an. Lassen Sie uns deshalb Beispiele betrachten:

■ *Situation A*
Amelie ist eine 18-jährige Schülerin. Sie leidet erheblich unter ihrem Übergewicht. Bei einer Körpergröße von 1,70 Meter wiegt sie 85 Kilogramm. Sie schämt sich ausgeprägt wegen dieser Situation. Obwohl das vorher ihr Lieblingssport war, geht sie nicht mehr schwimmen. Sie geht auch nicht mehr in ihr Fitnessstudio. Wenn sie zu Hause ist, sitzt sie viele Stunden vor ihrem Computer und spielt. Weiterhin verbringt sie viel Zeit mit dem Ansehen von Castingshows. Vor dem Computer isst sie gerne Kartoffelchips. Das vermindert kurzfristig ihre Anspannung. ■

■ *Situation B*
Amelie ist eine 18-jährige Schülerin. Sie leidet erheblich unter ihrem Übergewicht. Bei einer Körpergröße von 1,70 Meter wiegt sie 85 Kilogramm. Sie schämt sich ausgeprägt wegen dieser Situation. Amelie trifft sich mit einer guten Freundin aus der Parallelklasse. Sie schließt mit ihr ein Bündnis, zweimal pro Woche ins Fitnessstudio zu gehen und zweimal ins Schwimmbad. Sie verabreden, sich gegenseitig zu unterstützen und dass »keine Lust haben« keine Ausrede ist. Amelie bittet ihre Mutter, sie dadurch zu unterstützen, dass sie keine Kartoffelchips und andere Snacks

mehr vorrätig hält. Amelie nimmt sich vor, keine Castingshows mehr anzusehen, da ihr das ständige Vergleichen emotional sehr zusetzt. ■

Was glauben Sie, in welcher Sequenz Amelie mehr Aussicht auf Erfolg hat? Aus der Entfernung betrachtet ist das sofort klar. In der Situation B braucht Amelie jedoch sehr viel mehr Fertigkeiten im Bereich entgegengesetztes Handeln. Sie muss sich zumindest kurzfristig mehr mit Scham auseinandersetzen. Eine wichtige Untergruppe von Menschen mit Depression traut sich einen aktiven Umgang mit einer Emotion wie Scham nicht zu. Sie hofft insgeheim, dass sich diese Emotion von selbst erledigt, wenn man schamauslösenden Situationen einfach fernbleibt. Man sitzt dann schnell in der Verhaltensfalle. Wie weitere ähnliche Situationen aussehen können, beschreiben wir im Folgenden:

■ *Die 22-jährige Hannah hat Angst vor dem Fliegen. Sie studierte Amerikanistik und Geschichte. Die Flugangst hat schon ein Schuljahr in Neuseeland verhindert, das sie sich eigentlich sehnlich gewünscht hatte. Jetzt kann sie auch nicht zu einem Studienjahr in die USA fliegen. Hanna ist ganz deprimiert. Sie hatte sich lange selbst beruhigt mit dem Gedanken, dass Fliegen eigentlich unnötig ist und auch unökologisch und dass man heute sowieso alles über das Internet erledigen kann. Jetzt bemerkt sie, wie ihre Studienkolleginnen mit Erfahrungen, die ihr fehlen, an ihr vorbeiziehen. Sie sagt sich, die Angst kann ich nicht aushalten, es wäre unerträglich, wenn ich in einem Flugzeug sitze und eine Panikattacke bekomme. Welche Behandlung mit Exposition bei Flugangst hilft, hat sie schon nachgelesen. Sie sagt aber bisher, dass so eine Behandlung für sie bestimmt nichts ist und sie überfordert.*

Der 24-jährige Elias studiert Maschinenbau. Er hat sich vor drei Jahren während einer gemeinsamen Gruppenreise in Charlotte verliebt. Die beiden hatten eine kurze intime Beziehung, dann wollte Charlotte nicht mehr. Elias ist unverändert verliebt. Er sagt: »Charlotte ist meine absolute Traumfrau! Ohne sie kann ich nicht leben.« Elias arbeitet viel für sein Studium. Er schreibt Charlotte regelmäßig E-Mails, bekommt aber keine Antworten mehr. In den letzten drei Jahren hat er sich mit niemand anderem mehr verabredet. Er sagt zu einem Freund: »Solange meine Liebe für Charlotte so intensiv ist, kann ich mich nicht mit einer anderen Frau treffen.«

Die 36-jährige Lotta ist mit dem 40-jährigen Philipp verheiratet. Philipp hat vor einem Jahr das neue Auto der Familie im Wert von 30 000 € durch einen Fahrfehler in einen Totalschaden verwandelt. Das Auto war nicht versichert, obwohl Lotta und Philipp vereinbart hatten, dass Philipp eine Vollkaskoversicherung abschließt. Philipp sagt: »Ich habe das einfach vergessen. Wir hatten auch nicht genug Geld auf dem Girokonto.« Lotta ist total verärgert über dieses Verhalten ihres Partners, das die beiden in heftige wirtschaftliche Schwierigkeiten gebracht hat. Die beiden konnten im letzten Jahr nicht in Urlaub fahren und auch im kommenden Jahr wird das vermutlich nicht möglich sein. Lotta bestraft Philipp regelmäßig mit »Kleinigkeiten«, indem sie seine Wünsche nicht erfüllt, zu spät kommt, ihn kritisiert und ihm Vorwürfe macht. Die Stimmung in der Partnerschaft ist auf einem sehr niedrigen Niveau angekommen.

Der 55-jährige Michael arbeitet als Jurist und lebt allein. Vor einem Jahr ist seine Mutter im 85. Lebensjahr gestorben. Michael hatte immer ein sehr gutes und enges Verhältnis zu seiner Mutter und ist deswegen sehr traurig. Bis zum Tod seiner Mutter war er in verschiedenen Vereinen und in einer Partei aktiv. Von all dem hat er sich zurückgezogen. Er verbringt die Abende zu Hause, sortiert und liest alte Briefe seiner Mutter und blättert durch alte Fotoalben. Wenn Freunde ihn anrufen, zum Essen einladen oder ihn auffordern, wieder zum Stammtisch zu kommen, lehnt er stets ab. ■

Was sind die Gemeinsamkeiten dieser Situationen? Alle Betroffenen haben in gut nachvollziehbarer Weise eine spezifische, intensive Emotion. Sie handeln jeweils in der Richtung, die von der Emotion vorgeschlagen wird. Dadurch geraten sie in eine Sackgasse, die letztlich ihren Interessen schadet und auch mit ihren Werten und Zielen nicht gut vereinbar ist. Keiner handelt entgegen der Emotion, entweder weil er nicht auf die Idee kommt, es sich nicht vorstellen kann oder es aktiv ablehnt.

Was passiert aus einer lerntheoretischen Perspektive? Handeln mit der Emotion, d. h. in der von der Emotion vorgeschlagenen Richtung, ist im Regelfall einfacher und erscheint plausibler. Handeln mit der Emotion ist kurzfristig auch häufig genau das Richtige. Entgegen einer Emotion zu handeln – dass man etwas tut, obwohl man Angst hat, dass man Abstand hält, obwohl man liebt, dass man freundlich ist, obwohl man sich ärgert, dass man feiern geht, obwohl man trauert – ist eine Fertigkeit, die man mühsam lernen und üben muss. Menschen sind erfahrungsgemäß sehr unterschiedlich in dieser Fertigkeit und manche Menschen können diese Fertigkeit nur bei bestimmten Emotionen anwenden, bei anderen fällt es ihnen sehr viel schwerer. Ausbleibendes entgegengesetztes Handeln führt in Verhaltensfallen, die letztlich in Depression münden können.

Was ist der Beitrag der Betroffenen? Entgegengesetztes Handeln erfordert die entsprechende Fertigkeit sowie ein Bewusstsein, dass in der konkreten Situation entgegengesetztes

Handeln angesagt oder notwendig ist. Menschen mit Depression haben überdurchschnittlich häufig Probleme genau mit dem Thema entgegengesetztes Handeln.

Problematische metakognitive Strategien

Die Anwendung problematischer metakognitiver Strategien wie Grübeln, Sorgen oder Bedrohungsmonitoring sind ein weiterer wichtiger Pfad, der zu Verstärkerverlust führt. Damit es nicht zu abstrakt wird, lassen Sie uns wieder verschiedene Beispiele betrachten:

■ *Situation A*

Der 60-jährige Thomas ist Hochschullehrer. Er hat sich vor drei Jahren von seiner Frau Petra getrennt, nachdem diese eine kurze Beziehung zu einem anderen Mann hatte. Thomas hatte dann selbst eine neue Beziehung, die aber nicht von Dauer war. Jetzt lebt er allein. Thomas sitzt jetzt jeden Abend zu Hause auf dem Sofa und grübelt darüber nach, warum er sich so voreilig von seiner Frau getrennt hat. Er denkt darüber nach, was er alles in der Partnerschaft falsch gemacht hat. Während er grübelt, trinkt er eine halbe Flasche Rotwein aus. Thomas hat sich zurückgezogen und fühlt sich ziemlich einsam. ■

■ *Situation B*

Der 60-jährige Thomas ist Hochschullehrer. Er hat sich vor drei Jahren von seiner Frau Petra getrennt, nachdem diese eine kurze Beziehung zu einem anderen Mann hatte. Thomas hatte dann selbst eine neue Beziehung, die aber nicht von Dauer war. Jetzt lebt er allein. Thomas spürt immer wieder ein Gefühl von Bedauern über diesen Verlauf der Ereignisse. Er sagt sich: »Partnerschaft war und ist etwas sehr Wichtiges in meinem Leben. Ich muss mir alle Optionen offenhalten. Vielleicht sollte ich Petra mal wieder anrufen und sehen, wie es ihr geht. Vielleicht sollte ich mich aber auch mal mit Christa verabreden.« Er nimmt sein Handy und ruft Christa an und verabredet sich mit ihr zum Abendessen.

Was glauben Sie, in welcher Sequenz hat Thomas die größere Chance, sein Einsamkeitsproblem zu bewältigen? Auch hier ist das aus der Entfernung offensichtlich. Aus der Sicht des Betroffenen ist es häufig so, dass man sich vom Grübeln Antworten und Lösungen verspricht, damit sich belastende Situationen nicht wiederholen. Typischerweise stellt Grübeln diese Antworten aber nicht bereit, sodass es klüger ist, Flexibilität zu bewahren und neue Lösungen praktisch zu testen. Zirkuläres Nachdenken führt häufig zu Verhaltensblockaden, die dann in einem Verstärkerverlust münden. Sehen wir uns weitere Beispiele an:

Die 30-jährige Nora hat ein sehr enges Verhältnis zu ihren Eltern. Die beiden sind 58 Jahre alt, verhalten sich eher impulsiv und kümmern sich wenig um ihre Gesundheit. Nora macht sich fortlaufend Sorgen, ihre Eltern vorzeitig zu verlieren. Sie ruft sie ständig an und redet ihnen ins Gewissen, weniger zu rauchen und zu trinken. Wenn ihre Eltern mit dem Auto unterwegs sind, ruft sie sie alle zehn Minuten an. Die Beziehung zu den Eltern leidet zunehmend unter dem Verhalten. Nora fühlt sich verzweifelt.

Der 40-jährige Bastian hat während seiner Zeit in der Bundeswehr einen seiner besten Freunde durch einen Terroranschlag verloren. Er selbst entging dem Ereignis, da er wegen einer fieberhaften Erkrankung im Bett lag und deswegen nicht in dem getroffenen Fahrzeug saß. Bastian grübelt häufig und fragt sich, warum sein Freund sterben musste und nicht er und ob es nicht feige war, krank im Bett zu bleiben. Bastian ist depressiv und fühlt sich, wie wenn er keine Zukunft mehr hätte.

Die 20-jährige Clara vergleicht sich ständig mit anderen Frauen. Wenn sie einen Raum betritt, sieht sie einmal in die Runde, um zu überprüfen, wer dünner, wer schöner oder wer besser angezogen ist als sie. Sie findet immer jemanden, der sie übertrifft. Clara geht schon gar nicht mehr gerne aus dem Haus. Mit anderen Menschen zusammen zu sein, ist nur noch eine Belastung.

Der 55-jährige Alexander hat große Angst vor körperlichen Erkrankungen. Er horcht ständig in sich hinein, damit er einen Herzinfarkt oder eine Tumorerkrankung rechtzeitig erkennt. Er geht häufig zu einem Internisten, um sich durchchecken zu lassen. Die Erleichterung nach einer Untersuchung hält immer nur kurz an. Er grübelt dann darüber nach, ob Ärzte wirklich so sicher sein können. Er denkt dann oft, dass sein Arzt ihm vermutlich Sicherheit nur vorgaukelt. Alexander leidet an einer chronischen Lustlosigkeit. Sport macht er nicht mehr gerne, weil das seine Aufmerksamkeit auf seinen Herzschlag intensiver macht und er, wenn er an seine Leistungsgrenze kommt, immer darüber nachdenkt, dass er früher fitter war.

Der 30-jährige David hat eine neue Stelle bei einer Beratungsfirma. Er macht sich große Sorgen, ob er den Leistungsansprüchen wirklich genügt. Einmal in der Woche fragt er seinen Chef, ob er wirklich gut genug für diese Firma sei. Zu seinen Kollegen sagt er wiederholt: »Ihr könnt das alle viel besser als ich.« Dass die Kollegen allmählich genervt sind, nimmt er nicht richtig wahr.

Was sind die Gemeinsamkeiten dieser Situationen? Alle Betroffenen wenden Nachdenken zur Problemlösung an, obwohl Denken an diesen Stellen gar nicht hilft. Sie stoppen interessanterweise nicht, obwohl sie sich Fragen stellen, die gar nicht beantwortbar sind und das Denken dazu führt, dass sie immer mehr an Depression leiden.

Was passiert aus einer lerntheoretischen Perspektive? Das Nachdenken wird dadurch aufrechterhalten, dass die Betroffenen sich versprechen, Lösungen zu finden oder Gefahren abzuwehren. Das schafft kurzfristig ein Gefühl der Erleichterung und hält die Sache am Laufen. Nachdenken ohne Ergebnis führt aber langfristig dazu, dass das Gefühl entsteht, gegen die Wand zu fahren, nichts mehr unter Kontrolle zu haben.

Was ist der Beitrag der Betroffenen? Zu entscheiden, wann Nachdenken hilfreich ist, jemanden zu neuen Erkenntnissen bringt, davon abhält, sich unnötig in Gefahr zu begeben, oder wann Nachdenken eine Aktivität wird, die einen von der Teilnahme am Leben abhält, ist eine mühevoll zu erwerbende Fertigkeit. Denken ist eine Aktivität mit Nebenwirkungen. Deswegen ist es wichtig, zu lernen und zu üben, wie man Stopp-Regeln anwendet. Ein weiterer wichtiger Punkt ist, worauf man seine Aufmerksamkeit richtet. Wer sich mit anderen vergleicht, verliert fast automatisch. Wer mit seiner Aufmerksamkeit ständig nach Gefahren sucht, sieht plötzlich überall Risiken und befindet sich in ständiger Angst.

Wenn Sie an einer Depression leiden, ist jetzt eine sehr wichtige Frage: »Treffen einer oder mehrere der aufrechterhaltenen Mechanismen auf mich zu?« Diskutieren Sie am besten diese Frage auch mit einem Facharzt oder einem psychologischen Psychotherapeuten.

Ein Unglück kommt selten allein: Kontext von Depression

Krankheitsverhalten bei Infektion und Entzündung

Akute und chronische Infektionen lösen Krankheitsverhalten aus. An einer Grippe erkrankte Menschen ziehen sich beispielsweise ins Bett zurück, essen nur wenig, sprechen nur wenig und nehmen erst erneut Kontakt auf, wenn sie sich wieder halbwegs gesund fühlen. Da das Fieber, der Husten und die Gliederschmerzen auf eine Infektion hinweisen, kommt niemand auf die Idee, das Verhalten durch eine Depression zu erklären. Die Ähnlichkeiten sind aber offensichtlich. Auch wissenschaftlich lässt sich inzwischen eine Brücke herstellen zwischen Krankheitsverhalten bei Infektionen und Krankheitsverhalten bei Depression. Menschen mit Depression haben häufiger erhöhte Konzentrationen von Eiweißstoffen, die mit Entzündung in Verbindung stehen (z. B. C-reaktives-Protein[6]). Gabe von Substanzen, die eine akute Immunreaktion stimulieren (z. B. Endotoxine[7]) lösen ein depressionsähnliches Krankheitsverhalten aus. Besonders bedeutsam ist dieser Zusammenhang für Menschen, die an einer chronischen Entzündung leiden (wie beispielsweise rheumatoide Arthritis[8], Lupus

---

6   C-reaktives-Protein CRP ist ein Eiweiß, das in der Leber gebildet wird und zu den sogenannten Akute-Phase-Proteinen der Entzündungsreaktion gehört. CRP wird in der Medizin als unspezifischer Parameter zur Beurteilung des Schweregrads von Entzündungen herangezogen und ist häufig Bestandteil von Routinelaboruntersuchungen.

7   Endotoxine sind Lipopolysaccharide. Sie sind Bestandteile der äußeren Zellmembran von Bakterien und lösen beim Übergang ins Blut Fieber und Verhaltensveränderungen aus.

8   Rheumatoide Arthritis oder auch Chronische Polyarthritis ist eine rheumatische Erkrankung, die zu Schmerzen in verschiedenen Ge-

erythematodes[9], Colitis ulcerosa[10], schweren Formen von Neurodermitis[11]). Die neuroendokrine Botschaft, die von diesen Erkrankungen ausgeht, ist: Schon dich, beweg dich nicht, vermeide Kontakt, bleibe im Bett! Wenn Menschen gleichzeitig an einer chronischen Entzündung und an einer Depression leiden, ist es zum einen wichtig, die Entzündung nach allen Regeln der Kunst zu behandeln, gleichzeitig müssen sie üben, entgegengesetzt zu dem Impuls, sich zu schonen und sich zurückzuziehen, zu handeln.

■ *Anna-Lena, 19 Jahre*

Anna-Lena ist Schülerin eines Gymnasiums. Bei ihr wurde im 16. Lebensjahr ein Lupus erythematodes diagnostiziert. Sie litt unter Gelenkbeschwerden, Hautrötungen und hatte zeitweise auch einen Befall des Herzbeutels und des Gehirns. Eine Behandlung in einer rheumatologischen Spezialabteilung führte zu einem erheblichen Rückgang der Krankheitsaktivität. Anna-Lena fühlte sich schon seit Beginn der Erkrankung ziemlich niedergeschlagen, sie lag viel im Bett und fühlte sich lustlos. Gelegentlich, wenn eine Freundin sie mitschleppte, gab es aber auch impulsives Verhalten. Dann trank sie sehr viel Alkohol und hatte Sex mit Männern und Frauen, die sie kaum kannte. Die Behandlung, die die körperlichen Symptome zwar verbesserte, machte, was ihr Verhalten betraf, alles noch schlimmer. Die Aussage der Rheuma-

---

lenken führt. Vermutlich handelt es sich um eine Autoimmunerkrankung.

9 Lupus erythematodes ist eine Autoimmunerkrankung des Bindegewebes. Sie betrifft die Haut, kann aber auch Gelenke, verschiedene innere Organe und das Gehirn in Mitleidenschaft ziehen.

10 Colitis ulcerosa ist eine chronische, entzündliche Erkrankung des Dickdarms. Die Ursache ist unbekannt.

11 Neurodermitis ist eine chronische Erkrankung der Haut, bei der genetische, immunologische und Umweltfaktoren zusammenspielen.

tologin: »Ich bin sehr froh, wie gut wir Ihre Erkrankung in den Griff bekommen haben«, kam Anna-Lena wie Hohn vor. Schließlich begibt sie sich in die Behandlung einer Psychotherapeutin mit psychosomatischem Spezialwissen. Diese Ärztin erklärt Anna-Lena erstmals die wichtigen Zusammenhänge, nämlich dass die Gehirnbeteiligung sowohl depressives wie impulsives Verhalten auslösen kann und dass die Behandlung ebenfalls die Niedergeschlagenheit und die Impulsivität schlimmer machen kann, aber trotzdem langfristig sinnvoll ist. Dann entwickelt sie mit ihr ein Programm für Verhaltensaufbau: regelmäßige kleine Wanderungen, drei Mahlzeiten am Tag, regelmäßige Treffen mit Freundinnen und Freunden, regelmäßiger Schlaf. Das alles soll in einer ersten Stufe »nach Plan« und nicht »nach Laune« stattfinden. Anna-Lena ist zuerst skeptisch, dann bemerkt sie, wie es ihr Tag für Tag besser geht. Die schwierigste Aufgabe dabei ist, die Signale zu ignorieren, die sie zu Rückzug ins Bett auffordern. Die Erklärungen ihrer Psychotherapeutin, der sie vertraut, helfen ihr hier eine kritische Distanz aufzubauen. Anna-Lena beginnt auch eine Partnerschaft zu einem gleichaltrigen Mann, der sie sehr unterstützt. Diese Beziehung trägt zu einer weiteren Stabilisierung bei.

Kommentar: Bei Anna-Lena spielt ein biologischer Faktor der Depression eine wesentliche Rolle. Sie braucht eine speziell darauf abgestimmte Bewältigungsstrategie und eine darauf abgestimmte Lebensführung. Auch antidepressive Medikamente können hier eine hilfreiche Strategie sein.

Chronischer Stress

Stress ist prinzipiell gesund. Beispielsweise stimuliert ein regelmäßiges sportliches Trainingsprogramm das Stresshormonsystem intensiv. Anschließend, in den Abendstunden, geht die Konzentration von Kortisol auf sehr niedrige Werte zurück. Dieser Wechsel von Belastung und Entlastung ist besonders förderlich für die Gesundheit. Bei chronischem Stress aber besteht eine Belastungssituation unbegrenzt fort oder es herrscht die andauernde Gefahr, dass erneut eine bedrohliche Situation auftreten kann. Beispiele sind Kriegssituationen, aber auch Arbeitssituationen oder private Situationen, bei denen Ruhezeiten fehlen und kein ausreichender Schlaf möglich ist. Der menschliche Organismus hat zwei prinzipielle Möglichkeiten, mit solchen Situationen umzugehen (Peters & McEwen, 2015). Er kann die Ausschüttung von Stresshormonen kontinuierlich fortbestehen lassen und für dauerhaft hohe Konzentrationen von Kortisol sorgen. Das hat den Vorteil, dass der Körper auf erneute belastende Ereignisse gut vorbereitet ist. Er kann aber auch mit einer Herunterregulierung des Stresshormonsystems reagieren. Die Belastung wird dann durch vermehrtes Essen reguliert. Beide Varianten sind für die Gesundheit problematisch. Die erste führt langfristig zu Muskelabbau. Die zweite führt zur Entwicklung von Übergewicht. Beide typische Reaktionen des Körpers erhöhen das Risiko von Depression.

■ *Hartmut, 58 Jahre*
Hartmut ist ein leitender Angestellter einer mittelständischen Firma, die große Bauprojekte umsetzt. Er arbeitet dort schon seit 30 Jahren und gilt als zentrale Person im Unternehmen. Seit zwei Jahren denkt Hartmut ans Aufhören. Aufgrund von Kündigung von wichtigen Mitarbeitern, die nicht ersetzt werden konnten, ist seine Arbeitsbelastung erheblich gestiegen. Seine Frau, die schon

lange an Multipler Sklerose leidet, ist seit einigen Jahren auf einen Rollstuhl und Treppenlift angewiesen. Sie braucht sehr viel mehr Hilfe als früher. Seine am Ort lebende Mutter ist 82 Jahre, entwickelt eine leichtgradige Demenz, möchte aber unbedingt in ihrer Wohnung bleiben. Der 25-jährige Sohn studiert im 14. Semester Germanistik und hat große Probleme, sein Studium abzuschließen. Was Hartmut ganz besonders belastet, ist die Kommunikation in der Familie. Wenn er um 18 Uhr nach Hause kommt, sagt seine Frau: »Warum kommst du erst jetzt? Du weißt doch, dass ich deine Hilfe brauche!« Wenn er seine Mutter besucht, sagt diese zur Begrüßung: »Du kümmerst dich zu wenig um deine alte Mutter! Du bist doch mein Sohn.« Wenn sein Sohn am Wochenende nach Hause kommt, sagt er: »Papa, du hast keine Ahnung, wie schwer mein Studium ist. Ich bin total gestresst!« Hartmut ist an seiner Arbeitsstelle ein durchsetzungsfähiger Mann. Seiner Familie gegenüber ist er auf Harmonie gepolt und sagt selten kritische Dinge. Die Bauwirtschaft ist aus der Sicht Hartmuts ein hartes Geschäft. Sein Wunsch war immer, dass seine Familie ein Kontrastprogramm hierzu ist. Hartmut fühlt sich zutiefst einsam, schläft nur noch wenig, er hat erheblich an Gewicht verloren. Sein Hausarzt schickt ihn zu einer Psychologischen Psychotherapeutin. Sie geht mit Hartmut die Gesamtsituation und die von Hartmut eingesetzten Bewältigungsstrategien durch. Bei der genaueren Betrachtung zeigt sich, dass Hartmut alles allein schaffen möchte und bisher keine fremde Hilfe angenommen hat. Auch hat er keine Idee, wie er mit der Vorwurfskommunikation, die von allen Seiten kommt, umgehen soll. Zusammen mit seiner Therapeutin entwickelt er einen Plan, wie er alltagspraktische Hilfen für seine Frau und seine Mutter organisieren kann und selbst genug Zeit für Schlaf findet. Weiterhin übt er einen anderen Umgang mit der Vorwurfskommunikation. Zum Beispiel sagte er zu seiner Frau: »Du hast recht! Ich bin wirklich spät dran. Frag mich mal, was ich heute gemacht habe! Danach erzählst du mir etwas über deinen Tag.« Zu seinem Sohn sagt er: »Du hast recht, ich habe nicht studiert. Studium kann bestimmt sehr stressig sein. Mein Wunsch ist, dass wir als Familie gut zusammenhalten und die Belastungen fair verteilen. Können wir darüber mal ausführlich reden?« ■

Kommentar: Hartmut ist in einer Überlastungssituation, die sich schicksalhaft für ihn ergeben hat. Seine hohe Kompetenz, Belastungen aktiv zu bewältigen, gerät damit an ihre Grenze. Um wieder gesund zu werden, braucht er praktische Unterstützung von außen. Weiterhin braucht er spezifische Kommunikationsstrategien, um die vielfältigen feindseligen Äußerungen in seiner familiären Umwelt in eine konstruktive Richtung zu lenken.

Einsamkeit

Menschen sind soziale Wesen. Einsamkeit ist ein Stressor. Ohne soziale und emotionale Unterstützung ist das Leben von Menschen sehr viel schwerer. Tatsächliche und gefühlte Einsamkeit sind nicht dasselbe. Manche Menschen fühlen sich einsam, wenn sie zwar sehr viele Kontakte haben, diese aber nicht besonders vertrauensvoll und belastbar sind. Andere haben seltene, aber in ihrer Qualität sehr gute Kontakte und fühlen sich in keiner Weise allein. Auch subjektive soziale Isolation ist ein chronischer Stressor. Der Organismus bereitet sich darauf vor, in belastenden Situationen allein zurechtkommen zu müssen.

■ *Yusuf, 65 Jahre*
Yusuf ist ein Journalist türkischer Herkunft, der seit einigen Monaten in Rente ist. Er kam im 20. Lebensjahr nach Deutschland,

studierte Journalistik und arbeitete dann für verschiedene Tages- und Wochenzeitungen. Seine gleichaltrige Frau, die ebenfalls aus der Türkei kam, starb vor zehn Jahren an Brustkrebs. Die beiden hatten keine Kinder. Er ist seitdem keine neue Partnerschaft mehr eingegangen. Yusuf schrieb im Laufe seiner journalistischen Karriere eine Vielzahl von Artikeln, in denen er sich kritisch mit prominenten Politikern in der Türkei auseinandersetzte. Aus diesem Grund hat er seine Heimat seit über zehn Jahren nicht besucht. Da er nur eine bescheidene Rente bezieht, zieht er nach der Berentung ins Hamburger Umland, findet dort aber bisher keinen Kontakt zu den Nachbarn. Gelegentlich trifft er sich noch mit früheren Arbeitskollegen, selten fährt er in die Innenstadt, um ein türkisches Gemeindehaus zu besuchen. Während er früher dort als einer der erfolgreichen Immigranten sehr beliebt war, ist er jetzt eher ein Außenseiter, wird wegen seiner kritischen Artikel von einigen als »Nestbeschmutzer« angesehen. Yusuf fühlt sich zunehmend deprimiert. Er schläft nur mehr wenig, verliert erheblich Gewicht und macht nur noch wenig Sport. Er raucht wieder sehr viel. Sein Hausarzt untersucht ihn gründlich auf eine körperliche Ursache des Gewichtsverlusts und schickt ihn zu einer ebenfalls aus der Türkei kommenden Psychotherapeutin. Sie thematisiert mit ihm schon in der ersten Therapiesitzung das Einsamkeitsthema. Eine wichtige Barriere ist, dass er der Möglichkeit, aktiv eine Partnerschaft zu suchen, sehr skeptisch gegenübersteht. Er hat den Eindruck, dass das »irgendwie« gegen seine Ehre verstoßen würde. Schließlich findet er doch über ein Partnerschaftsportal mit einer deutlich jüngeren Frau zusammen, die zwei Kinder im Alter von 12 und 14 mit in die Beziehung bringt, die er sofort ins Herz schließt. Er fängt an, sich um den Haushalt und die Betreuung der Kinder zu kümmern, während seine Partnerin arbeitet. Plötzlich ist sein Leben wie verwandelt, Trauer, Verbitterung und Einsamkeit treten in den Hintergrund. ∎

Kommentar: Einsamkeit kann in allen Altersgruppen ein massiver Stressor sein. Familie, Freunde und Partnerschaft sind ein wichtiges Gegengewicht. Hohe berufsbedingte Mobilität und Migration sind Faktoren, die das Risiko erhöhen. Gleichzeitig ist die Möglichkeit, über das Internet neue Beziehungen zu finden, auch ein Gegengewicht. Um Einsamkeit aufzuheben, braucht man nicht nur jemanden, der sich um einen kümmert. Mindestens so wichtig ist, dass man für andere Menschen sorgt und einen wichtigen Beitrag zu ihrem Leben leistet.

Traumatische Ereignisse

Bei etwa 60 Prozent aller Menschen mit Depression gibt es wesentliche aversive Ereignisse, also Traumatisierungen im weiteren Sinne, in der Vorgeschichte, während nur bei 15 Prozent der psychisch gesunden Menschen eine ähnliche Vorgeschichte vorliegt. Traumatisierung kann durch Unfälle, Gewalterfahrungen, Naturkatastrophen oder schwere Erkrankungen entstehen. Traumatische Erfahrungen in der Kindheit beruhen auf emotionaler oder körperlicher Vernachlässigung, emotionalem, körperlichem oder sexuellem Missbrauch, psychischen Erkrankungen der Eltern, antisozialem Verhalten der Eltern gegeneinander oder nach außen oder Ausschluss aus wichtigen Gruppen. Traumatisierung hat vielfältige Effekte auf die seelische Gesundheit. Vermeidungsverhalten wird sehr viel wahrscheinlicher. Grübeln, Sorgen und Bedrohungsmonitoring nehmen zu. Traumatisierung in Kindheit und Jugend hat häufig den Effekt, dass wichtige psychologische Fertigkeiten nicht entwickelt werden. Die Betroffenen haben geringere Geschicklichkeit in Emotionsregulation. Emotionale Instabilität ist eine wichtige Folge. Sie entwickeln auch geringer ausgeprägte Geschicklichkeit im Bereich sozialer Kognition, was dann häufigere zwischenmenschliche Konflikte zur Folge hat. Die Entwicklung von Depression ist die häufigste Gesundheitsfolge von Traumatisierung. Die dargestellten Zusammenhänge zeigen, dass das Alter, in dem die Traumatisierung erfolgt, große Bedeutung hat.

Emma, 30 Jahre

Emma ist Verkäuferin. Sie lebt in einer Wohngemeinschaft mit einer gleichaltrigen Frau. Emmas Mutter litt an einer Schizophrenie. Die Erkrankung wurde in Emmas drittem Lebensjahr so schlimm, dass ihre Mutter häufig in Kliniken war und sich unter heftigen Konflikten von Emmas Vater trennte. Emma war in diesen Jahren wechselnd bei den Eltern der Mutter, den Eltern des Vaters und wieder zu Hause, in den Zeiten, in denen es der Mutter besser ging. Nur zur väterlichen Großmutter hatte sie eine wirklich gute Beziehung. Sie starb aber in Emmas zehntem Lebensjahr. Die anderen Angehörigen waren streng, ablehnend oder übergriffig. Die Ausgrenzung ihrer Mutter wurde auf Emma ausgedehnt: »Werde bloß nicht so wie deine Mutter!« In der Schule war Emma freundlich, fleißig und interessiert. Trotz eines Zeugnisses mit Zweien und Einsen in der vierten und fünften Klasse wechselte Emma nicht auf das Gymnasium, sondern auf die Realschule. Ihre Lehrerin sagte: »Du hast ja keine Unterstützung zu Hause, da schaffst du das Gymnasium nicht!« Emma hatte gute Beziehungen zu den gleichaltrigen Mädchen, half immer gerne, durfte aber nie jemanden mit nach Hause bringen. Nach dem Realschulabschluss machte sie eine Lehre als Fachverkäuferin bei einer großen Supermarktkette. Sie führte ein sehr zurückgezogenes Leben. Das einzige Freizeitengagement war eine Frauenhandballmannschaft, in der sie sehr erfolgreich spielte. Sie hatte hierüber einige Freundinnen. Eine Partnerschaft ging sie nie ein. Mit 28 zieht sie sich beim Sport eine leichte

Verletzung des Schultergelenks zu. Bei der Arbeit ist sie hierdurch nur leicht eingeschränkt, beim Sport sitzt sie aber häufig nur mehr auf der Ersatzbank. Emma fühlt sich zunehmend krank, energielos und hatte vor allem nachts Schmerzen in ihrer Schulter. Ihr Hausarzt schickt sie zu einem auf Schulterverletzungen spezialisierten Sportorthopäden und zu einer Psychotherapeutin. Emma geht mit ihrer Psychotherapeutin ihre Lebensgeschichte durch und die Schlussfolgerung, die sie hieraus für ihr Leben gezogen hatte. Im Vordergrund stehen: Vermeidung von allem, was irgendwie mit zusätzlicher Unsicherheit oder Bewertungen verbunden war. Misstrauen gegenüber Männern und Frauen, besonders der Generation über ihr. Hier erweist es sich als Glücksfall, dass die Therapeutin noch selbst in Ausbildung ist, kaum älter als Emma und auch für Sport begeistert. Emma und ihre Therapeutin erarbeiten zuerst ein Störungsmodell, also ein Erklärungsmodell, das die wichtigen Faktoren, die Emmas Depression aufrechterhalten, zusammenfasst und gleichzeitig die Ansatzpunkte für Veränderung sichtbar macht. Hier wird deutlich, dass in Emmas Leben angenehme Ereignisse Mangelware sind. Es ist logisch, dass sich Emma depressiv fühlt. Die eingeschränkten Möglichkeiten, Sport zu machen, waren sozusagen der Tropfen gewesen, der das Fass zum Überlaufen gebracht hat. Sie machen auch eine Auflistung dessen, was Emma wichtig ist, ihre Werte. Vieles davon ist in den letzten Jahren überhaupt nicht zur Geltung gekommen. Nur im sportlichen Bereich hat sie sich entfalten können. Bildung ist aber auch ein wichtiger Wert für sie. Emma wäre gerne nach der Realschule aufs Gymnasium gegangen, hatte aber nicht den Mut, das einzufordern. In ihrem Beruf hat sie den Eindruck, am Ende ihrer Möglichkeiten angekommen zu sein. Sie wünscht sich eine Partnerschaft mit einem Mann, hatte aber enge Kontakte nur mit Frauen. Die Erfüllung dieser Wünsche scheint weit entfernt. Die Therapeutin ermutigt sie, erste kleine Schritte auszuprobieren, was aber nicht viel Ver-

änderung bringt. Plötzlich macht Emma dann einen großen Schritt. Sie meldet sich bei einem Kolleg an, auf dem sie in drei Jahren das Abitur nachmachen kann. Dieses Kolleg bietet Unterricht jeden Tag von acht bis zwölf Uhr an, sodass sie nachmittags, abends oder am Samstag arbeiten und wirtschaftlich unabhängig bleiben kann. Sie kürzt ihre Arbeitszeit auf 32 Stunden in der Woche. In der Schule trifft sie einen Mitschüler wieder, mit dem sie sich in der Realschule gut verstanden hatte, aber großen Abstand gewahrt hatte. Mit ihm bildet sie zuerst eine Lerngemeinschaft, dann mit großem Zögern eine Partnerschaft. Emma sagte in den ersten Therapiesitzungen: »Über meinem Leben liegt ein grauer Schleier.« Ein Jahr später ist von Traurigkeit nur noch wenig die Rede. Es geht hauptsächlich um die praktische Umsetzung der neuen Pläne. Emma sagt: »Mein Leben wird in der Nachspielzeit gewonnen! Meine Oma wäre total stolz auf mich!«

Kommentar: Emma ist Opfer ernster emotionaler Vernachlässigung in ihrer Kernfamilie, die von anderer Seite kaum aufgefangen wurde, sondern eher in Ausgrenzung mündete. Sie konnte dadurch ihr Potenzial nicht entfalten und entwickelte in vielen Bereichen umfassendes Vermeidungsverhalten. Die Überwindung der Entwicklungsblockaden und die enge Begleitung der neuen Pläne sind die entscheidenden Schritte in der Therapie.

Hierarchie-Konflikte

Menschliche Gesellschaften sind in der Regel hierarchisch konstruiert, d. h. es gibt Menschen mit einem höheren und niedrigeren Rang, mehr oder weniger Macht und Einfluss. Gesellschaften unterscheiden sich aber erheblich im Ausmaß der sozialen Unterschiede und darin, wie gut die Rechte der weniger Mächtigen geschützt werden. Soziale Unterschiede sind einerseits wünschenswert und nützlich, wenn höherer sozialer Status besondere Fähigkeiten, Leistungen und Fleiß belohnt werden. Gleichzeitig können ausgeprägte soziale Unterschiede krank machen. In den meisten Ländern steht die Lebenserwartung in einem engen Zusammenhang mit dem Monatseinkommen. Unzureichender Schutz der Schwächeren oder in der Hierarchie niedriger stehender Menschen kann zu Gefühlen von Hoffnungslosigkeit, Hilflosigkeit und Resignation führen. Da soziale Hierarchien sehr komplex sind, können sich Probleme auf allen sozialen Ebenen abspielen. Deutschland ist ein demokratischer Rechtsstaat. Bezüglich der Ungleichheit von Einkommen und Vermögen liegt Deutschland jedoch allenfalls im mittleren Bereich. In vielen Lebensbereichen bestehen de facto Verhältnisse, die eher an eine feudale Situation erinnern, und in denen prosoziales Verhalten und Leistung nicht belohnt werden. In diesem Buch, an dieser Stelle, geht es nicht um Politik, es geht aber um die gesundheitlichen Folgen von Hierarchie-Konflikten.

■ *Martin, 40 Jahre*
Martin ist Lehrer für Mathematik und Geschichte in der Sekundarstufe einer Gesamtschule. Er ist verheiratet und hat zwei Kinder. Für seine Schüler ist er sehr engagiert und arbeitet weit mehr, als er unbedingt muss. Er ist jedoch manchmal auch chaotisch und vergisst Termine. Er ist jetzt seit zehn Jahren an derselben Schule und von den Kollegen gut anerkannt. Als die Stelle des Konrektors frei wird, bewirbt er sich um die Nachfolge und erhält diese. Noch während seiner Probezeit erhält die Schule auch einen neuen Schulleiter. Nach kurzer Zeit wird klar, dass der neue Rektor ihn nicht in dieser Position haben will. Er kritisiert ihn ständig wegen kleiner Pannen und droht ihm mit schlechten

Bewertungen, falls er nicht freiwillig seine Position wieder abtritt. Nach mehreren Monaten gibt er entnervt auf. Martin ist völlig demotiviert, während er früher sehr selten krank war, leidet er jetzt unter häufigen Infekten, wird von seinem Hausarzt oft krankgeschrieben. Er ist wütend auf seinen neuen Schulleiter und überzeugt, dass alle Anstrengungen sinnlos sind. Er denkt über ein Versetzungsgesuch nach, verwirft das aber wieder, da seine Frau beruflich an den aktuellen Wohnort gebunden ist. Mehrere Monate später schickt der Hausarzt Martin in eine psychosomatische Rehaklinik. Dort erarbeitet die Therapeutin mit ihm zunächst ein Störungsmodell. Hier wird deutlich, dass Martin keine Fertigkeiten und keinen Plan hatte, mit aggressivem Verhalten anderer umzugehen. Seine Einstellung gegenüber unfairem oder dissozialem Verhalten ist einfach: »Das darf es nicht geben.« Entsprechend hilflos fühlt er sich gegenüber dem herabsetzenden Verhalten seines Schulleiters. Da Martin einen Wechsel der Schule ausschließt, ist es in der Psychotherapie notwendig, Strategien zu entwickeln, die es ihm ermöglichen, weiter an der Schule zu arbeiten. Hierzu gehörten: Akzeptanz der problematischen Beziehung zum Schulleiter. Beendigung aller Versuche, ihm zu gefallen oder ihn umzustimmen. Verzicht auf alle Versuche, Probleme auszugleichen, die ihn nicht unmittelbar betreffen. Entwicklung von Gesprächsstrategien, um übergriffiges oder herabsetzendes Verhalten zu stoppen oder zu begrenzen. Fokussierung der Aufmerksamkeit auf den Teil der Arbeit, den Martin als wirklich befriedigend empfindet. Konzentration auf die Kontakte mit den Kolleginnen und Kollegen am Arbeitsplatz, die mit ihm unterstützend und hilfreich umgehen. Achtsamkeitstechniken zur Fokussierung auf die Gegenwart. Nach acht Wochen fühlt sich Martin fit für einen ersten Versuch, die neuen Strategien am Arbeitsplatz auszuprobieren. Die ersten Tage fühlen sich entsetzlich an: Wut, Scham und Trauer über die verpassten Möglichkeiten und die ungerechtfertigte Aggression des neuen Schul-

leiters gegen ihn nehmen erst noch einmal zu. Dann geht es besser. Martin konzentriert sich auf das, was funktioniert, ihm belohnend und wertvoll erscheint. Ein halbes Jahr später sagte er zu seiner Lieblingskollegin: »Das war eine harte Niederlage und Enttäuschung. Gleichzeitig bin ich jetzt viel mehr mit mir im Reinen. Ich stecke keine Energie mehr in aussichtslose Projekte.« ■

Kommentar: Martin hat in einem Hierarchie-Konflikt eine heftige Niederlage erlitten. Er war auf das aggressive Verhalten seines neuen Vorgesetzten nicht ausreichend vorbereitet. Mithilfe von Psychotherapie konnte er sein Verhalten neu organisieren und ein neues Gleichgewicht finden.

■ Lisa, 25 Jahre

Lisa hat keinen Schulabschluss und lebt in einer therapeutischen Wohngemeinschaft. Lisas Mutter trank während ihrer Schwangerschaft erhebliche Mengen Alkohol. Bei Lisa wurde in den ersten Lebensjahren ein fetales Alkoholsyndrom festgestellt. Der Kinderarzt bemerkte die typischen Veränderungen im Gesicht als Erster. Lisa war in der Grundschule eine interessierte Schülerin, die gerne in die Schule ging. Sie konnte sich aber nicht gut konzentrieren. Wenn sie Streit mit anderen Schülerinnen hatte, war sie sehr erregt und brauchte lange, um sich wieder zu beruhigen. Obwohl keine Minderbegabung bestand, schickte man sie in der dritten Klasse auf eine Förderschule. Dort waren die Anforderungen an Zuverlässigkeit geringer, sodass sie ganz gut zurechtkam. Nach dem Schulabschluss fand sie aber keine Lehrstelle. Sie wurde in einer Wohngruppe angemeldet und begann in einer Werkstätte für Behinderte zu arbeiten. Lisa ist einerseits froh über die Unterstützung und den Schutz, den sie erfährt. Gleichzeitig ist sie total unzufrieden, deprimiert und hoffnungslos. Sie sagt: »Ich habe überhaupt keine Möglichkeit, über mein Leben zu bestimmen. Ich werde über ein Taschengeld nie hinauskommen. Mein Leben ist im Vergleich zu Gleichaltrigen völlig eingeschränkt.« Lisa hat sich wegen ihrer Depression mehrfach in psychotherapeutische Behandlung begeben. Sie fand es hilfreich, zu lernen, besser mit ihren Gefühlen umzugehen. Sie war aber immer wieder frustriert über die engen Grenzen ihrer Möglichkeiten. Lisa schildert während einer stationären Behandlung der Depression ihr Dilemma dem für sie zuständigen Sozialpädagogen. Sie entschließt sich noch einmal auf die Suche nach einer Ausbildungsstelle auf dem ersten Arbeitsmarkt zu gehen. Sie findet eine Stelle bei einem Landschaftsbauunternehmen. Der Chef ist zunächst skeptisch wegen der langen Krankheitszeiten, lässt sie aber ein Praktikum machen. Danach bekommt sie tatsächlich die Lehrstelle.

Kommentar: Lisa ist durch die Folgen ihrer Erkrankung in ihren Lebensmöglichkeiten stark eingeschränkt. Sie wird zwar geschützt, hat aber gleichzeitig nur minimalen eigenen Spielraum. Lisa leidet an dem dramatischen Unterschied zwischen ihrem eigenen Leben und dem der Gleichaltrigen. Sie ist durch eine Erkrankung eingeschränkt, diese nimmt ihr aber nicht Vergleichsmöglichkeiten und Wünsche. Arbeit auf dem ersten Arbeitsmarkt zu haben, ist für viele Menschen eine zentrale Ingredienz, um am Leben wirklich teilzuhaben und dazuzugehören.

Trauer

Markus, 34 Jahre

Markus und Adea waren seit ihrer Gymnasialzeit ein Paar. Markus studierte nach dem Abitur Musik und arbeitete anschließend bei einem Rundfunkorchester. Adea machte eine Ausbildung als

Landschaftsgärtnerin. Markus und Adea führten eine sehr enge, liebevolle Beziehung, blieben aber, ohne es zu wollen, kinderlos. In ihrem 32. Lebensjahr verletzte sich Adea beim Einpflanzen eines Baumes am Unterschenkel. Die Verletzung erschien zuerst oberflächlich und nicht besonders gefährlich. Zwei Tage später entwickelte sie Fieber, kam ins Krankenhaus und starb innerhalb einer Woche an einer Sepsis. Markus war völlig überwältigt von Trauer. Er zog sich zurück und ließ sich krankschreiben. Gemeinsames Hören von Musik war immer eine wichtige Aktivität zusammen als Paar gewesen, er hatte Adea Musikstücke, die er für sein Orchester probte, zu Hause vorgespielt und jetzt erinnerte ihn jedes Stück an sie. Markus blieb ein Jahr zuhause, sprach mit fast niemandem, ließ sich einen Bart wachsen, hörte und spielte keine Musik. Wenn er schlief, hatte er oft einen Traum, in dem er Adea von der Bushaltestelle abholte und sie wieder mit nach Hause nahm. Sein bester Freund Philipp, ein Kollege aus dem Orchester, hatte ihm oft angeboten, ihn zu besuchen, zusammen zu essen oder andere Dinge zu machen. Markus hatte immer strikt abgelehnt. Etwa 12 Monate nach dem Tod von Adea entschließt sich Philipp, trotz der Aufforderung, wegzubleiben, Markus zu besuchen. Er trifft ihn in seinem Garten, vor einer Tasse Tee sitzend. Markus schweigt bis auf wenige Worte und Philipp redet den ganzen Abend: über seine eigene Trauer wegen Adea, aber auch darüber, wie sehr er Markus an seiner Seite vermisst und wie sehr er sich wünscht, ihn wieder ins Leben zurückzuholen. Markus weint, als Philipp wieder geht, sagt aber nichts. Am nächsten Tag erscheint er wieder zur Orchesterprobe. ■

Kommentar: Verlust von wichtigen Menschen ist eine wichtige Ursache von Trauer. Im Fall von Markus haben Trauer und Depression eine unscharfe Abgrenzung. Seine Reaktion auf Adeas Tod ist einerseits völlig nachvollziehbar. Das Ausmaß seines Rückzugs überschreitet aber andererseits die prinzipiell hilfreiche Wirkung von Trauer in erheblichem Ausmaß. Der Schritt, wieder ins Leben zurückzukehren, kommt dem Betroffenen möglicherweise wie Verrat gegenüber dem verstorbenen Menschen vor. Trotz intensiver Trauer wieder aktiv werden, ist eine sehr große Herausforderung.

Liebeskummer

Die meisten Menschen sehnen sich nach einer engen, vertrauensvollen Partnerschaft. Mit Beginn der Jugend bemühen sie sich, einen Partner für sich zu gewinnen und ihn dann möglichst ausschließlich für sich zu behalten. Das ist ein schwieriges Unterfangen. Wer von den Millionen denkbaren Partnerinnen oder Partnern ist »die oder der Richtige«? Es könnte ja noch jemand Besseres kommen. Kein Partner ist die Erfüllung aller Wünsche in einer Person. Wie gehe ich mit den Dingen um, die mir nicht gefallen, die unerwartet sind oder die meinen Freunden oder Eltern nicht gefallen werden? Wie viel Freiraum und Spielraum lasse ich meinem Partner? Versteht er viel Spielraum als Desinteresse? Fühlt er sich eingeengt und kontrolliert, wenn ich »gut aufpasse«? Sich in jemanden zu verlieben oder ihn dauerhaft zu lieben, macht deshalb verwundbar dafür, zurückgewiesen zu werden, traurig zu sein, beschämt zu werden, Liebeskummer zu empfinden, aber auch depressive Episoden zu erleiden. Sich auf Liebe einzulassen, erfordert also auch erhebliche Leidensfähigkeit.

Liebe ist einerseits eine Himmelsmacht. Sie trifft Menschen wie der Blitz. In der Antike stellte man sich dazu vor, dass Eros Pfeile verschieße, die den Getroffenen widerstandslos machten. Andererseits hat die Liebe auch eine ganz rationale Seite. Viele Menschen, die eine langfristige, belastbare Beziehung möchten, folgen bei der Partnerwahl, ob sie das so benennen können oder nicht, der »Satisficing Heuristic«[12]: Sie haben einige Kriterien im Kopf, die eine Partnerin oder ein Partner unbedingt erfüllen muss. Wenn diese Voraussetzungen erfüllt sind, wagen sie die Partnerschaft und stellen erst einmal die Frage zurück, ob es auch jemand anderen geben könnte. Diese Heuristik ist sehr hilfreich und sinnvoll, hat aber wie alle Heuristik auch Schwachstellen. Wenn die Kriterien sehr anspruchslos sind, steigt die Wahrscheinlichkeit, in der Partnerschaft unzufrieden zu sein, wenn sie zu hoch sind, finden sich keine passenden Partner.

▪ Max, 22 Jahre

Max studiert Medizin. Auf einer Party in seinem Studentenwohnheim lernt er die gleichaltrige Tabea kennen, die Politikwissenschaften studiert. Für Max ist es Liebe auf den ersten Blick. Tabea ist alles, was er sich wünscht: Sie ist klug, sportlich, schön, neugierig, fantasievoll, witzig. Tabea ist sich unsicher, ob Max »der Richtige« für sie ist. Max gefällt ihr zwar sehr, sie träumt aber von einem älteren Mann, der schon voll im Leben steht. In ihren Fantasien ist damit Sicherheit verbunden, ein Gefühl, das sie zu Hause wenig erlebt hatte. Dieses Kriterium erfüllt Max gar nicht. Tabea lässt sich auf eine Beziehung ein, hält aber Max ständig im Unklaren darüber, ob sie die Beziehung wirklich als ernst und dauerhaft ansieht. Sie meldet sich manchmal tagelang nicht, verabredet sich auch mit anderen Männern. Wenn Max sie

---

12 Satisficing« ist ein Kofferwort aus dem englischen *satisfying* (= befriedigend) und *suffice* (= genügen). Es beschreibt eine Entscheidungsheuristik, bei der man sich für die erste Option entscheidet, die den zuvor festgelegten Kriterien genügt. Diese Heuristik ist dann besonders sinnvoll, wenn die Suche nach der »bestmöglichen« Option letztlich kontraproduktiv wäre. Beispielsweise wäre der Versuch, ganz viele potentielle Partner auf ihre Eignung zur Partnerschaft praktisch zu testen, mit dem Ziel, eine gute stabile Beziehung zu haben, nicht vereinbar.

auf den Status ihrer Beziehung anspricht, sagt sie: »*Ich kann mich nicht entscheiden. Du bist noch so jung.*« *Max schwankt zwischen Liebe und Verzweiflung, akzeptiert aber die Situation, so wie sie ist. Die Beziehung zwischen Max und Tabea dauert drei Jahre. Dann lernt Tabea bei einem Praktikum einen 15 Jahre älteren Mann kennen, der sich sehr für sie interessiert. Sie beendet die Beziehung mit Max, sagt ihm:* »*Du bist einfach zu jung, das hätte nie eine tragfähige Beziehung ergeben.*« *Max fühlt sich am Boden zerstört. Er hatte sich sehr angestrengt, ein liebevoller Partner für Tabea zu sein. Aber älter sein, als er tatsächlich war, konnte er beim besten Willen nicht sein. Tabeas Aussage erscheint ihm total fadenscheinig. Er grübelt über viele Monate darüber nach, was der* »*wirkliche Grund*« *ist, findet aber keine Antwort. Er zieht sich immer mehr zurück, schläft nur mehr schlecht, kann sich nicht konzentrieren. Da der Liebeskummer seine Leistungsfähigkeit im Studium beeinträchtigt, geht er zu einem Psychotherapeuten. Mit ihm erarbeitet er ein Störungsmodell. Dabei steht das Grübeln über die Ursache der Trennung ganz im Vordergrund. Max erhofft sich davon Erkenntnisse, die eine ähnliche schlimme Enttäuschung in der Zukunft verhindern können. Tatsächlich erzeugt dieses Verhalten ein neues Problem. Max versteht zunehmend, dass die Trennung gar nichts mit Dingen zu tun hatte, die er beeinflussen kann. So traurig es für ihn ist: um das Ziel einer festen Beziehung in seinem Leben zu verwirklichen, muss er sich neu auf die Suche nach einer Partnerin machen. Mehr nachdenken hilft nicht.* ■

Kommentar: Nicht in Erfüllung gehende Liebe ist eine sehr schmerzliche Erfahrung, die zu depressiven Episoden führen kann. Den wenigsten Menschen, die sich für Liebesbeziehungen interessieren, bleibt sie erspart. Die Bereitschaft, sich immer wieder dem Schmerz der Enttäuschung auszusetzen und die Endlichkeit von Liebesbeziehungen zu akzeptieren, ist paradoxerweise eine wichtige Voraussetzung für das Gelingen von Liebe. Grübeln ist in diesem Zusammenhang ein Versuch, Wiederholung von Liebeskummer zu vermeiden. Tatsächlich bietet Grübeln keinen Schutz, sondern verlängert den Schmerz. Ein wichtiger Punkt für die Trennung von Tabea und Max war, dass Tabea bei der Anwendung der Satisfycing Heuristic Kriterien an die Beziehung mit Max anlegte, die er nicht erfüllen konnte. Ob diese Kriterien für Tabeas Partnerwahl tatsächlich langfristig hilfreich sind, ist eine neue Geschichte.

Postpartum Depression

Etwa jede zehnte Frau erlebt nach der Geburt eines Kindes eine schwere depressive Episode. Wenn eine depressive Vorerkrankung besteht, ist die Häufigkeit noch deutlich größer. Auch junge Väter haben ein erhöhtes Risiko. Hier kommt vieles zusammen: Schwangerschaft und Geburt können sehr anstrengende, belastende körperliche Erfahrungen sein. Es kommt zu raschen, ausgeprägten Veränderungen in Hormonkonzentrationen. Die Rollenerwartung an Frauen und Männern verändern sich innerhalb weniger Tage. Die gesellschaftliche Erwartung, eine glückliche Mutter zu sein und intensive Liebe für das Kind zu empfinden, findet sich möglicherweise nicht im eigenen Erleben wieder. Erinnerungen an eigene traumatische Erfahrungen in der Kindheit werden aktiviert. Glücklicherweise ist postpartum Depression für viele Frauen nur ein vorübergehendes Ereignis. Für diejenigen, bei denen Depression länger als wenige Wochen dauert, ist Behandlung dringend erforderlich. Häufigkeit und Schwere dieser Erkrankung werden oft unterschätzt.

■ *Johanna*

Johanna ist Erzieherin und seit zwei Jahren mit Jakob, einem gleichaltrigen Mechatroniker, verheiratet. Johanna hatte eine belastete Kindheit. Ihre Mutter erkrankte in ihrem zweiten Lebensjahr an einem Tumor. Johanna wuchs deshalb weitgehend bei ihrer Oma auf, die in ihrem 14. Lebensjahr selbst schwer krank wurde und starb. Johanna liebt Kinder und freute sich sehr, als sie feststellte, dass sie schwanger war. Die Schwangerschaft verlief lange komplikationsfrei, Johanna wünschte sich eine möglichst natürliche Geburt und hatte sich vorgenommen, »alles richtig« zu machen und für ihr Kind eine besonders gute Mutter zu sein. In den letzten Schwangerschaftswochen wird eine Beckenendlage festgestellt. Der Versuch einer äußeren Wendung scheitert. Wegen drohender Sauerstoffunterversorgung des Kindes muss notfallmäßig ein Kaiserschnitt durchgeführt werden. Johanna hat nach der Operation heftige Schmerzen und fühlt sich total krank und erschöpft. Als sie ihr neugeborenes Mädchen Mia das erste Mal im Arm hält, weint sie für lange Zeit. Das Kind kommt ihr fremd vor. Wenn sie in sich hineinhört, ist da erst einmal Leere. Sie fragt sich, ob sie jemals eine gute Mutter sein wird. Sie fühlt sich mit der Pflege von Mia völlig überfordert. Glücklicherweise wird der depressive Zustand schnell erkannt. Johanna kommt rasch in stationäre Behandlung. Jakob nimmt sich Urlaub und kümmert sich um Mia. Johanna wird mit einem Antidepressivum behandelt. Wichtige Themen in der Psychotherapie sind: die Schicksalhaftigkeit des Kaiserschnitts und der dadurch eingeschränkten Fitness, die Unmöglichkeit, eine fehlerlose Mutter zu sein, die Normalität davon, unter maximalem Stress keine liebevollen Gefühle zu empfinden, die paradoxen Effekte davon, andere Emotionen haben zu wollen. Nach sechs Wochen ist Johanna körperlich erholt und psychisch wieder im Normalbereich. Jetzt fängt sie an, sich zu freuen und stolz auf Mia zu sein. ■

Kommentar: Johanna hat eine Reihe von Risikofaktoren für eine postnatale Depression: der von ihr nicht gewünschte Kaiserschnitt, die postoperativen Beschwerden, ihre eigenen belastenden Erfahrungen aus der Kindheit und ihre perfektionistischen Anforderungen an sich selbst. Depression ist häufig akut mit Schwierigkeiten verbunden, Emotionen wahrzunehmen. Im Umgang mit diesem Phänomen ist es häufig günstiger, einen Schritt zurückzutreten und zu warten, was sich entwickelt, als mit dem Kopf durch die Wand zu gehen.

Saisonale Depression

Der durch die Drehung der Erde um ihre Achse entstehende 24-Stunden-Rhythmus hat einen wesentlichen Einfluss auf die Funktion aller Organismen. Licht beeinflusst viele körperliche Funktionen: Schlaf, Appetit, Bereitschaft zu körperlicher Aktivität, Ausschüttung von Stresshormonen, Immunabwehr. Viele Menschen mit einer depressiven Störung empfinden ihre Symptome im Herbst und Winter schlimmer als zu Zeiten mit viel Licht und langen Tagen. Sie erleben dann Reisen in südliche Schönwettergebiete möglicherweise als Entlastung. Die genauen Zusammenhänge sind unklar. Einige Wissenschaftler plädieren für eine saisonale affektive Störung als eigenständige Krankheitseinheit. Andere Studien deuten darauf hin, dass es sich eher um eine jahreszeitabhängige Verschlechterung spezifischer Symptome handelt und nicht um eine eigenständige diagnostische Einheit. Betroffen sind mehr Frauen als Männer. Vorherrschend ist eine atypische depressive Symptomatik mit mehr Schlaf und mehr Appetit. In der Behandlung sind alle Methoden wirksam, die auch bei anderen Formen von Depression funktionieren. Lichttherapie ist eine spezifische Behandlungsmöglichkeit.

■ *Maren, 70 Jahre*

Maren ist seit zwei Jahren Witwe. Sie hat zwischen ihrem 60. und 68. Lebensjahr mit ihrem Mann in Südspanien an der Costa de la Luz gelebt. Sie fand das Leben dort sehr angenehm und abwechslungsreich, konnte sich aber nach dem plötzlichen Tod ihres Mannes nicht vorstellen, das dortige Haus allein zu bewirtschaften. Sie zog deshalb zurück in ihren Heimatort in Norddeutschland. Dort macht sie die Erfahrung, dass der Winter viel schrecklicher ist, als sie es sich auf der Grundlage ihrer Erinnerungen vorgestellt hatte. Es ist kalt, nass, windig und eigentlich immer dunkel. Von November bis Februar verlässt sie das Haus nur für kurze Gänge zum Einkaufen und zum Friseur. Den Kontakt zu ihren Freundinnen hält sie über WhatsApp und Telefon. Sie ist allgemein traurig und denkt, dass sich ihr Leben sehr zum Schlechteren verändert hat, in den Wintermonaten ist es aber besonders schlimm. Sie liegt lange im Bett, grübelt, hat immer den Fernseher an, bewegt sich wenig und isst eher viel. In den Sommermonaten geht es ihr dann besser. Da schafft sie lange Spaziergänge und trifft sich mit alten Freundinnen in Gartenrestaurants. Der Hausarzt schlägt Maren eine Lichttherapie mit einer speziellen Leuchte vor, die sie jeden Morgen für eine halbe Stunde anwendet. Das hilft ihr morgens besser in Gang zu kommen und nicht übermäßig lange im Bett zu liegen. ■

Kommentar: Die Situation von Maren ist komplex. Es gibt eine ganze Reihe von Risikofaktoren für Depression: Sie hat ihren Partner durch plötzlichen Tod verloren, hat in der Folge ihre Umgebung verändert, lebt jetzt sehr zurückgezogen mit im Winter deutlich weniger körperlicher Betätigung. Die verminderte Verfügbarkeit von hellem Tageslicht ist hier logischerweise nur einer von vielen Faktoren. Trotzdem hat der Einsatz von Lichttherapie zumindest ein Teilsymptom erheblich gebessert. Für eine weitergehende Besserung der depressiven Symptomatik müsste sie aber auch die anderen Risikofaktoren verändern.

Depression aufgrund von chemischen Einflüssen

Depression ist eine mögliche Nebenwirkung einer großen Zahl von Medikamenten. Etwa ein Drittel aller Erwachsenen nimmt mindestens ein Medikament, bei dem Depression eine mögliche Nebenwirkung ist. Studien zeigen, dass in dieser Gruppe depressive Symptome auch tatsächlich häufiger sind. Zu den Medikamenten mit Risiko gehören häufige Arzneimittelgruppen: Medikamente gegen Magenbeschwerden wie Omeprazol oder Ranitidin, Medikamente gegen Allergien wie Montelukast oder Ceterizin, Beruhigungsmittel wie Benzodiazepine oder Z-Substanzen wie Zolpidem, Hormontherapien wie Östrogene oder Glucocorticoide, Antihypertensive Therapien wie Betablocker, z.B. Metoprolol, oder ACE-Hemmer, z.B. Enalapril, Schmerzmittel wie Ibuprofen oder Opiate, Medikamente gegen Krampfanfälle wie Gabapentin oder Topiramat, Stimulanzien wie Methylphenidat, Medikamente, die zur Behandlung der Parkinsonerkrankung eingesetzt werden, Medikamente zur Senkung von Blutfetten wie Statine, Antimalariamittel, Interferone, die beispielsweise in der Behandlung der Multiplen Sklerose verwendet werden. Diese Liste ist nicht vollständig, sondern gibt nur beispielhaft die Risiken wieder. Wenn Sie den Verdacht haben, Ihre Medikation könnte einen Beitrag zu depressiver Stimmung darstellen, sprechen Sie darüber bitte unbedingt mit Ihrem Hausarzt oder Facharzt, bevor Sie irgendwelche Veränderungen vornehmen. Bitte beachten Sie, dass der zeitliche Zusammenhang hochgradig variabel sein kann. Depression als Nebenwirkung kann unmittelbar, aber auch mit einer Verzögerung von Jahren bei

Dauermedikation auftreten. Auch in der Naturheilkunde gibt es Substanzen, die als Nebenwirkung zu Depressionen führen können, beispielsweise Reserpin. Depression als Nebenwirkung chemischer Substanzen kann natürlich auch als Nebenwirkung von Intoxikationen am Arbeitsplatz oder durch giftige Substanzen aus der Umwelt wie Pflanzenschutzmittel ausgelöst werden.

Friedrich, 40 Jahre

Friedrich ist Lehrer. Er ist verheiratet und hat zwei Kinder. Er leidet seit einigen Jahren unter leicht ausgeprägtem Bluthochdruck. Seine Risikofaktoren sind Übergewicht und Mangel an Bewegung. Sein Hausarzt verordnet ihm einen Betablocker, den er zunächst gut verträgt und der das Blutdruckproblem gut unter Kontrolle bringt. Etwa nach einem Jahr fällt ihm auf, dass er sich müder und langsamer fühlt, irgendwie schwunglos. Er fragt seine Frau und Freunde, ob sie das ebenfalls beobachten können. Einige sagen »eigentlich gar nicht«, andere »vielleicht ein bisschen«. Seine Frau sagt: »Ich wollte Dich schon darauf ansprechen. Es ist mir vor allem aufgefallen, dass Du weniger Schwung und Geduld hast, wenn Du mit den Kindern spielst.« Friedrich diskutiert die Angelegenheit ausführlich mit seinem Internisten. Sie entschließen sich, die Behandlung des Bluthochdrucks mit einer anderen Substanz mit einem anderen Wirkprinzip fortzusetzen. Der Internist erinnert Friedrich noch einmal an die Notwendigkeit eines Sportprogramms, um einem wichtigen Risikofaktor seines metabolischen Syndroms entgegenzusteuern. Er betont, dass auch Sport selbst eine antidepressive Wirkung hat. Dieses Mal hat Friedrich Schwung für Veränderung. Er wechselt auf die neue Behandlung, er meldet sich bei einem Fitness-Studio an und geht zweimal pro Woche hin. Er fährt fast nur noch mit dem Fahrrad in die Schule. Acht Wochen später sagt er: »Ich bin fast wieder der Alte! Auch wenn ich mich immer gesträubt habe, mehr Bewegung ist richtig gut für mich. Meine Vorurteile gegen Fitness-Studios haben sich nicht bewahrheitet.« ■

Kommentar: Bei Friedrich hat möglicherweise die Behandlung mit einem Betablocker eine depressive Symptomatik ausgelöst. Beweisbar ist dies nicht, da auch andere Faktoren eine Rolle gespielt haben können. Die Intervention des behandelnden Internisten ist jedenfalls genau richtig und hat Friedrich zu einer deutlich besseren Lebensqualität verholfen.

Körperliche Erkrankung

Etwa die Hälfte der Menschen mit einer schweren Depression in Deutschland leiden auch an einer schweren körperlichen Erkrankung. Dabei ist das gesamte Spektrum körperlicher Erkrankungen vertreten. Am häufigsten sind: Herz-Kreislauferkrankungen und die zugehörigen Risikofaktoren (Diabetes, Bluthochdruck, Übergewicht), Tumorerkrankungen, Lungenerkrankungen, Skelett- und Muskelerkrankungen mit Schmerzen und Bewegungseinschränkungen. Depression bei körperlichen Erkrankungen wird häufig unterdiagnostiziert und unterbehandelt. Dabei ist eine parallele Behandlung die Vorgehensweise der Wahl. Die Erwartung, dass die Behandlung der körperlichen Erkrankung zum Verschwinden der psychischen Erkrankung führt, löst sich nur selten ein.

■ *Rudolf, 45 Jahre*
Rudolf arbeitet als Verwaltungsangestellter bei einem großen Energiekonzern. Er ist verheiratet und hat eine Tochter. Nachdem er bei einem Stromausfall nicht wie sonst mit dem Lift in sein Büro im fünften Stock gefahren war, sondern die Treppen genommen hatte, war er bewusstlos zusammengebrochen. In der

Medizinischen Abteilung der Universitätsklinik wird eine Aortenklappenstenose diagnostiziert. Die Ärzte vermuten, dass er in der Vorgeschichte eine Entzündung des Herzmuskels hatte, die unbemerkt geblieben war. Sie empfehlen Rudolf eine Herzoperation. Nach langem Zögern entscheidet er sich dafür und wird erfolgreich operiert. Rudolf war schon Jahre vor der Operation zunehmend depressiv gewesen. Obwohl er in seinem Leben vieles erreicht hatte, was er sich gewünscht hatte – eine liebevolle Partnerschaft, ein Kind, einen sicheren Arbeitsplatz mit ausreichender Bezahlung –, fühlte er sich oft lustlos und leer. Seine Freizeit verbrachte er häufig vor dem Fernseher, was er mit seiner anstrengenden Arbeit begründete. Sport lehnte er mit dem Argument ab, er würde ihm nicht guttun. Nach der Operation versichern ihm die Ärzte, dass er jetzt wieder eine fast normale Lebenserwartung hat. Rudolf hat den Eindruck, dass er sich innerlich nicht mehr spüren kann. Er fühlt sich antriebsarm. Er schläft sehr schlecht. Die Operationsnarbe verursacht heftige Schmerzen, wenn er versucht, sich im Bett umzudrehen oder sich auf die Seite zu legen. Er hat keinen Appetit mehr und nimmt fünf Kilogramm ab. Auch nach einem Aufenthalt in einer kardiologischen Rehabilitationsklinik ist er nicht in der Lage, wieder arbeiten zu gehen. Erst ein halbes Jahr nach der Operation hat er erstmals einen Termin bei einem Psychiater und Psychotherapeuten. Dieser verschreibt Rudolf ein trizyklisches Antidepressivum, das sehr schnell seine Schlafstörung und die nächtlichen Schmerzen abmildert. Er erarbeitet mit ihm ein Programm für Aktivitätsaufbau in ganz kleinen Schritten und führt ein Gespräch gemeinsam mit Rudolfs Frau Barbara, um sie in den Veränderungsprozess einzubinden. In weiteren Terminen vermittelt ihm der Therapeut Strategien, wie er mit seinen Gesundheitssorgen umgehen konnte. Rudolf entschließt sich, das Bewegungsprogramm tatsächlich umzusetzen. Er entscheidet sich, täglich einen längeren Spaziergang zu machen, um 10 000 Schritte am Tag zu *erreichen. Einmal in der Woche besucht er eine Achtsamkeitsgruppe und übt Meditationstechniken. Eine unmittelbare Belohnung ist, dass er bei den täglichen Spaziergängen das Waldstück und den kleinen Fluss besucht, die er so liebt. Frische, kühle Luft erlebt er als unmittelbar wohltuend. Am Wochenende kommt auch seine Frau mit zu einer Wanderung, was er als sehr angenehm für die Beziehung erlebt. Nach einigen Monaten fühlt sich Rudolf insgesamt besser. Er kehrt wieder halbtags an seinen Arbeitsplatz zurück. Die reduzierte Arbeitszeit ermöglicht ihm, mit dem Bewegungsprogramm uneingeschränkt weiterzumachen. Ein Jahr später sagt er: »Eigentlich geht es mir jetzt viel besser als im Jahr vor der Operation. Ich konzentriere mich mehr auf die Gegenwart und die Dinge, die um mich herum sind. Über meine Erkrankung denke ich kaum noch nach.«*

Kommentar: Körperliche Erkrankungen, hier eine schwere Herzerkrankung, und Depression treten häufig gemeinsam auf. Sie verlaufen aber nicht einfach parallel. Im Fall von Rudolf führte beispielsweise eine sehr erfolgreich verlaufene Operation nicht sofort zum Verschwinden der Depression. Rudolf brauchte eine lange Rehabilitationsphase mit Psychopharmakotherapie, Verhaltensaufbau und Anwendung von Achtsamkeitstechniken, bis er wieder ins Gleichgewicht kam. Besonders wichtig für den Erfolg war seine Bereitschaft, in Vorleistung zu gehen und sich nicht dadurch abhalten zu lassen, dass der Erfolg erst mit großer Verzögerung eintrat.

Mangelernährung

Mangelernährung ist nicht nur ein Thema in Krisen- und Kriegsgebieten. Auch in wohlhabenden Ländern gibt es Menschen, die eine unzureichende Kalorienzufuhr haben. Die häufigsten Gründe sind Essstörungen oder schwerwiegende körperliche Erkrankungen, die eine Aufnahme von Nahrung verhindern, sowie Behandlungen, die Übelkeit, Ekel oder Appetitlosigkeit hervorrufen können. Mangelernährung verändert die Neurochemie des Gehirns in einer Weise, die Depression begünstigt. Sie führt auch dazu, dass das Denken auf Nahrung oder den eigenen schlechten körperlichen Zustand eingeengt ist. Hierdurch wird die Konzentrationsfähigkeit gestört und andere, möglicherweise befriedigendere Tätigkeiten unterbrochen.

■ *Sandra, 30 Jahre*
Sandra ist Studentin der Germanistik und Anglistik. Sie hat keine Partnerschaft, lebt bei ihren Eltern, befindet sich aber häufig in stationärer Behandlung. Sandra kam als Frühgeburt mit 1500 g zur Welt, litt als Kind an ausgeprägten sozialen Ängsten und seit dem 12. Lebensjahr an einer Essstörung. Sie wiegt aktuell 35 kg bei einer Körpergröße von 158 cm. Vor einem Jahr kam es bei ihr zu einer schweren Lungenentzündung. Sie lag drei Wochen auf der Intensivstation und wurde künstlich beatmet. Seitdem ist ihre Lungenfunktion leichtgradig eingeschränkt. Sandra folgt seit dem 12. Lebensjahr strengen Ernährungsregeln wie »Kein Fett!«, »Zeig, dass du dich unter Kontrolle hast!«, »Iss niemals mehr als jemand anderer am Tisch!«. Sandra hat viele Behandlungen begonnen, den Veränderungsprozess aber immer abgebrochen, wenn Angst auftrat, es könnte zu schnell gehen und sie könnte die Kontrolle verlieren. Sandra wünscht sich ein besseres Leben. Sie fühlt sich einsam, die meisten ihrer Studienkolleginnen haben inzwischen ihren Abschluss und arbeiten. Sie hat fast nur noch Kontakt mit Mitpatientinnen. Ihr großes Interesse für Literatur, beispielsweise die Romane von Jonathan Franzen, kann sie nicht mehr ausleben, da ihre Konzentration nur mehr für eine Seite reicht. Lange Spaziergänge schafft sie seit der Lun-

genentzündung nicht mehr. Sandra fühlt sich heftig depressiv. Sie grübelt und schläft schlecht. Sie denkt, tot sein wäre auch nicht schlimmer. ■

Kommentar: Die Situation von Sandra ist kompliziert. Die körperlichen Veränderungen, die der Anpassung an Mangelernährung dienen, fördern Depression. Sandra ist aber zusätzlich mit den Folgen der Lungenentzündung auch noch körperlich krank geworden und hat sich sozial sehr stark isoliert. Sandra braucht dringend eine Gewichtszunahme, auch wenn das für sie die größte Herausforderung überhaupt ist. Dann kann sich auch ihre körperliche Situation wieder verbessern, sie könnte sich besser konzentrieren und hätte mehr Kontakte.

Was bei Depression hilft: Wirkprinzipien

Im Folgenden möchten wir darstellen, was Sie persönlich tun können, wenn Sie an einer Depression leiden, und welche Behandlungsmethoden für Sie hilfreich sein können. Häufig wird es so sein, dass Sie professionelle Behandlung in Anspruch nehmen werden, aber gleichzeitig mithilfe dieses Ratgebers selbst etwas unternehmen wollen. Wir beginnen mit dem, was Sie selbst tun können.

Werden Sie wieder aktiv

Diese Empfehlung gilt besonders dann, wenn Vermeidungsverhalten bei Ihnen eine wichtige Rolle spielt. Wenn Sie jetzt sagen, das habe ich schon versucht, es funktioniert bei mir aber nicht, dann lesen Sie bitte trotzdem weiter. Sie werden wahrscheinlich Informationen bekommen, die Sie noch nicht kennen.

Einfache Aktivierung

Wenn man an einer Depression leidet, ist aktiv werden richtig schwer. Es gibt reale Barrieren. Möglicherweise sind Sie krankgeschrieben oder haben Ihren Arbeitsplatz verloren. Vielleicht haben Sie sich von Ihrem Partner getrennt, fühlen sich einsam und zu wenig von anderen Menschen unterstützt. Möglicherweise befinden Sie sich in einer schwierigen wirtschaftlichen Situation oder Ihre finanzielle Situation hat sich durch die Erkrankung verschlechtert. Das führt dazu, dass Verhaltensweisen, die früher zu Belohnung geführt haben, jetzt nicht unmittelbar zugänglich sind. Alte, bewährte Wege, etwas für sich selbst zu tun, stehen dann nicht mehr zur Verfügung. Deswegen werden Sie sich, wenn jemand sagt: »Mach doch einfach was!«, möglicherweise ziemlich unverstanden fühlen.

Ein weiteres Hindernis sind emotionale Barrieren. Möglicherweise fühlen Sie sich völlig lustlos, haben keine Energie und denken, dass Sie alles überfordern wird und durch Aktivität möglicherweise alles noch schlimmer werden wird.

Was wir hier vorschlagen, ist weder eine ausreichende Depressionsbehandlung, noch wird dadurch irgendein Problem gelöst. Es handelt sich aber um einen sinnvollen ersten Schritt für diejenigen, die sich ganz zurückgezogen haben, nur noch im Bett liegen oder vor dem Computer oder Fernseher sitzen.

Wählen Sie eine Aktivität, die für Sie persönlich leicht zugänglich ist, die keine Vorbereitung braucht und die Ihren wirtschaftlichen Möglichkeiten entspricht. Schieben Sie alle Vorhersagen dazu, wie sich das Ganze auf Sie auswirken wird, zur Seite. Es geht hier nicht um unmittelbares Wohlbefinden. Betrachten Sie Ihre Aktivitäten als Experimente, deren Ausgang Sie beobachten und irgendwann später auswerten werden.

Gehen Sie spazieren. Gehen Sie irgendwohin, wo es möglichst grün ist und Sie Kontakt mit Bäumen oder anderen Pflanzen haben können. Gerade Mitteleuropäer haben häufig eine fast spirituelle Beziehung zu Bäumen. Wenn das auch auf Sie zutrifft, ist ein Spaziergang zwischen Bäumen, ein »Bad im Wald«, etwas, das Ihnen auch seelisch guttun wird. Eine weitere, oft auch im Winter zugängliche Möglichkeit ist, ein Gewässer, einen Teich, See, Fluss oder das Meer aufzusuchen und am Wasser entlangzugehen. Für viele Menschen haben auch Berge eine seelisch ausgleichende Wirkung. Wissenschaftler aus dem Bereich der Anthropologie sagen, dass die Kombination von Wasser, Bäumen und Bergen eine besonders beruhigende Funktion hat, weil sie an das Lebensumfeld erinnert, das

Menschen in der Steinzeit auswählten, um möglichst sicher und angenehm zu leben.

Treffen Sie sich mit Familienmitgliedern, Freunden oder Bekannten. Rufen Sie an und verabreden Sie sich auf eine Tasse Kaffee oder Tee in einem Café oder bei sich oder der anderen Person zu Hause. Wenn es Winter ist, setzen Sie sich vor ein Kaminfeuer. Sie müssen nicht viel reden. Begeben Sie sich einfach in Gesellschaft einer anderen Person. Wenn Sie ganz einsam sind, bieten beispielsweise Kirchengemeinden oder Kliniken häufig Treffen an, wo Sie hingehen können, ohne dass irgendetwas von Ihnen erwartet wird.

Sehen oder hören Sie sich etwas Interessantes außerhalb Ihrer Wohnung an. Gehen Sie ins Kino, in ein Museum, ins Theater oder in ein Konzert. Wenn Sie in wirtschaftlichen Schwierigkeiten sind, informieren Sie sich vorher über preiswerte oder kostenlose Angebote wie beispielsweise Konzerte von Musikschulen. Denken Sie dabei daran, es geht nicht darum, irgendetwas zu erreichen. Betrachten Sie die Aktivität als Experiment.

Tun Sie sich körperlich etwas Gutes. Nehmen Sie ein Schaumbad, gehen Sie in die Sauna, gehen Sie schwimmen in einem See, Hallenbad oder Freibad. Gönnen Sie sich eine Massage. Kochen Sie sich etwas, was Sie gerne essen und das für Ihre Gesundheit gut ist, oder gehen Sie essen.

Die Aktivitäten sollten am Anfang nicht zu lange dauern. Starten Sie mit wenigen Minuten bis Stunden. Sich zu viel vorzunehmen, beispielsweise eine zweiwöchige Reise zu buchen, kann zu einem Gefühl von Überforderung führen und Sie blockieren. Legen Sie ein Tagebuch an und notieren Sie darin die täglichen Aktivitäten.

Beenden Sie sinnlose Kämpfe und schädliche Aktivitäten

Diese Empfehlung gilt dann, wenn Ihr Zugang zu Belohnung durch andere Aktivitäten verstellt ist oder andere Aktivitäten gar keinen Raum für Belohnung lassen. Hierfür gibt es viele Beispiele, die wir an dieser Stelle leider nicht vollständig auflisten können:

- Partnerschaften, die sich schädigend auswirken, weil der Partner gewalttätig ist, irgendwelche Substanzen konsumiert und Sie vielleicht auch dazu verleitet, Sie ausbeutet, Sie lieblos behandelt oder völlig unzuverlässig ist.
- Arbeitsverhältnisse, in denen Sie abgewertet oder wirtschaftlich ausgebeutet werden.
- Exzessives Arbeiten, um materiellen oder ideellen Status zu erreichen und aufrechtzuerhalten.
- Exzessive Aktivitäten, um Ängste und Scham wegen Versagens kleinzuhalten.
- Gebrauch von Alkohol und Drogen, in einem Ausmaß, das Aktivitäten im Weg steht.

Wenn Sie in Behandlung bei einem Psychotherapeuten oder Psychiater sind, dann ist die Erfolgsaussicht der Behandlung viel größer, wenn der Auftrag nicht lautet: »Mach mich fit für die nächste Runde meines aussichtslosen Kampfes!« Ein Psychotherapeut hat nicht gerne die Rolle des Ringarztes, der den zukünftigen Verlierer noch einmal für eine Runde fit macht, bevor dieser dann endgültig k.o. geht. In derartigen Situationen ist der rechtzeitige Abbruch des Kampfes die geeignete und humane Lösung. Einen Kampf aufzugeben, obwohl er noch nicht endgültig entschieden und eine Niederlage ungerecht ist, ist besonders schwer auszuhalten. Es gibt dafür keine kurzfristige Belohnung. Sehr wahrscheinlich werden Sie sich zunächst schämen, an verletztem Stolz leiden oder sehr traurig sein. Gleichzeitig kann es der entscheidende Schritt in ein besseres Leben sein.

Werteorientierter Verhaltensaufbau

Zum Verständnis des nächsten Abschnitts müssen Sie wissen, was Werte und Ziele sind. Werte beschreiben, welche Aktivitäten, welche Qualitäten der Durchführung der Aktivitäten und welche Personen für einen Menschen wichtig sind. Werteorientierte Aktivitäten führen zu einem Erleben von Sinnhaftigkeit. Werte sind Richtungen, Orientierungspunkte, »Leuchttürme« für menschliches Verhalten. Sie können niemals endgültig erreicht werden. Ziele dagegen sind konkret erreichbare »Meilensteine« im Leben. Sie lassen sich aus Werten ableiten. Jeder Wert ist mit einer großen Menge von möglichen Zielen verbunden. Moderne Psychotherapie nähert sich dem Thema Werte häufig mit dem Konzept der Wertebereiche. Unterhalb dieser Überschriften lassen sich dann die individuellen Werte formulieren. Zum Wertebereich »Intime Partnerschaft« kann jemand beispielsweise als Wert formulieren: »Eine liebevolle Partnerschaft mit Paula leben«. Dabei ist »Partnerschaft leben« die Aktivität, »liebevoll« die Qualität und »Paula« die wichtige Person.

Bitte beachten Sie den Unterschied zwischen Tugenden und Werten: Eine Tugend wie Fleiß kann eine wichtige Qualität einer Aktivität sein, ist aber kein eigenständiger Wert.[13]

Probleme mit Werten sind bei depressiven Störungen häufig. Sie ergeben sich aus schwerwiegenden Lebensereignissen mit dem Wegfall von wichtigen Aktivitäten oder Personen oder

---

13 Werteorientierte Politik macht häufig diese Verwechslung. Obwohl sie sich Werten wie Solidarität, Freiheit, Gerechtigkeit verschreibt, geht es dann in der Umsetzung häufig um »bürgerliche Tugenden« wie Ordentlichkeit, Sparsamkeit, Fleiß und Pünktlichkeit.

aus Vermeidungsverhalten. Die Bedeutung eines Wertebereichs ändert sich hingegen durch Depression im Regelfall nicht. Oft besteht aber die Notwendigkeit, im Rahmen der Psychotherapie neue Ziele zu definieren und neue Wege zu finden, entsprechend der eigenen Werte zu leben. Man bezeichnet das als werteorientierten Verhaltensaufbau.

Der werteorientierte Aspekt ist der Teil des Verhaltensaufbaus, der die größte Herausforderung für den Betroffenen darstellt. Aktivität soll ja zu einer Belohnung führen. Werteorientierte Aktivitäten bieten die größte Aussicht auf nachhaltige Belohnung. Diese sind aber oft am schwersten zugänglich. Möglicherweise ist Ihre Depression auch in einem Zusammenhang entstanden, in dem eine bestimmte Aktivität unwiederbringlich weggefallen ist. Manche werteorientierten Aktivitäten erfordern auch Fertigkeiten, die man erst lange üben muss, bevor man eine Belohnung dafür bekommt. Manchmal ist der Zugang zu einer wichtigen Aktivität durch traumatische Erfahrungen blockiert. Beim Aufbau von werteorientierter Aktivität ist deshalb besondere Sorgfalt erforderlich. Möglicherweise brauchen Sie hier die Unterstützung durch einen Psychotherapeuten. Manchmal wird es erforderlich sein, dass Sie zuerst den Abschnitt »Exposition« (ab Seite 164) durcharbeiten, bevor Sie mit einer bestimmten Aktivität weitermachen können. Zunächst möchten wir einmal die erforderlichen Schritte für den werteorientierten Verhaltensaufbau anhand einer »Werteliste« durchgehen.

Werteliste

Die hier vorgestellte Werteliste hilft Ihnen, einen Überblick darüber zu gewinnen, in welchen Bereichen Ihres Lebens Sie durch werteorientierten Verhaltensaufbau zu mehr Zufriedenheit und Erleben von Sinnhaftigkeit gelangen können. Bevor Sie die Liste durcharbeiten, hier eine kleine Anleitung: Der Wertebereich ist ein Bereich Ihres Lebens, in dem Sie im Sinne Ihrer persönlichen Werte aktiv sein können. Abhängig davon, wie aktiv Sie in einem Bereich gegenwärtig sind, beschreiben Sie Ihre Aktivität mehr oder weniger präzise. Beispielsweise kann »berufliche Selbstverwirklichung« bei Ihnen ein wichtiger Bereich sein. Wenn Sie aktuell keine entsprechende Tätigkeit haben oder vorbereiten, können Sie möglicherweise nur wenig genau sein. Sie könnten dann aufschreiben: »Es sollte ein Beruf aus einer bestimmten Gruppe von Tätigkeiten sein.« Wenn Sie aber einen Beruf und einen Arbeitsplatz haben, den Sie wertschätzen, dann schreiben Sie hier beispielsweise: »Meine Arbeit als Lehrerin an der Hölderlinschule so gestalten, dass die mir anvertrauten Kinder Bildung erwerben und prosoziales Verhalten üben.« Gehen Sie bei allen Wertebereichen so vor. Schreiben Sie möglichst genau auf, was konkret der Wert ist. Da ein Wert eine Aktivität ist, hilft es, den Wert mit einem Verb zu beschreiben (z. B. unter »Arbeit«: als Köchin in einem anspruchsvollen Restaurant arbeiten; unter Freundschaft: zweimal die Woche mit Mia trainieren und dann zusammen reden).

In der ersten Spalte »Wertebereich« finden Sie eine Auflistung häufiger Wertebereiche. Schreiben Sie in der zweiten Spalte auf, welche wichtigen Aktivitäten (Werte) Sie in diesem Bereich aktuell haben. In der dritten Spalte geht es dann um die Bedeutung des Wertebereichs. Benutzen Sie hier eine 10-stufige Bewertung: 0 = völlig unwichtig bis 9 = sehr hohe Bedeutung in meinem Leben. Bewerten Sie dann in der vierten Spalte, wie viel Lebenszufriedenheit Sie aus dem Bereich ziehen oder wie viel Unglück aus diesem Bereich erwächst. Benutzen Sie hier eine 20-stufige Bewertung: 0 = weder Zufriedenheit noch Unzufriedenheit, 9 = sehr hohe Zufriedenheit, -9 = sehr ausgeprägte Unzufriedenheit. Wenn Sie alles ausgefüllt haben, markieren Sie die drei wichtigsten Wertebereiche, indem Sie in der ersten Spalte eine große 1, 2 oder 3 dazuschreiben.

Wertebereich (1 bis 3)	Wichtige, persönliche Aktivitäten in diesem Bereich	Bedeutung des Wertebereichs (0 bis 9)	Wie viel Zufriedenheit erwächst aus diesem Bereich? (−9 bis +9)
Liebe, romantische Beziehungen und Sexualität			
Freundschaften und andere zwischenmenschliche Beziehungen			
Arbeit			
Bildung und Ausbildung			
Beziehung zur Ursprungsfamilie			
Eigene Familie, Elternrolle			
Hobbys			
Natur (Erlebnisse in der Natur, Leben im Einklang mit der Natur)			
Spiritualität und Religion			
Soziales und politisches Engagement (Mitarbeit in Parteien, sozialen Projekten, Nichtregierungsorganisationen)			
Selbstfürsorge im Bereich Sport, gesunde Ernährung, Entspannung und Körperpflege			

Sollten Sie beim Ausfüllen dieser Liste feststellen, dass die Bedeutung und die Rangfolge Ihrer persönlichen Wertebereiche und die investierte Energie in guter Übereinstimmung sind und Sie aus mehreren Bereichen hohe Lebenszufriedenheit ziehen, dann gehören Sie zu den Glücklichen und brauchen vermutlich kein oder nur wenig zusätzliches werteorientiertes Verhalten.

Wenn Sie an einer Depression leiden, ist es wahrscheinlich, dass es an einer oder mehreren Stellen erhebliche Diskrepanzen gibt. Das kann an fehlender Aktivität in einem Bereich, an Problemen bei der Umsetzung von Aktivität oder an beidem liegen.

Jetzt kommen die wichtigen Schritte, die oft sehr schwer zu machen sind: Wählen Sie aus, an welcher Stelle Sie die Diskrepanz abschwächen wollen und wieder aktiv werden wollen, und machen Sie einen Aktionsplan. Starten Sie in kleinen Schritten und – wenn möglich – im mittleren Schwierigkeitsbereich. Zu leichte Aktivitäten werden Ihnen belanglos vorkommen, zu schwierige können Sie überfordern.

Laura füllt mit ihrer Therapeutin die Werteliste aus:

Wertebereich (1 bis 3)	Wichtige, persönliche Aktivitäten in diesem Bereich	Bedeutung des Wertebereichs (0 bis 9)	Wie viel Zufriedenheit erwächst aus diesem Bereich? (−9 bis +9)
Liebe, romantische Beziehungen und Sexualität Priorität 1	Da ich mich getrennt habe und im Moment Männern aus dem Weg gehe, passiert hier nichts.	9 Ein Partner müsste mich lieben, mich unterstützen und fördern.	0 Ich traue mich an den Bereich im Moment nicht heran.

Freundschaften und andere zwischenmenschliche Beziehungen	Ich unternehme gelegentlich etwas mit meiner Nachbarin im Wohnheim.	5 War in meiner Fantasie immer weniger wichtig als Partner oder Schwester.	4 Ist manchmal nett, führt aber ständig dazu, dass ich mich vergleiche.
Arbeit	Im Moment keine Zeit.	5 Wird möglicherweise später sehr wichtig.	0
Bildung und Ausbildung Priorität 2	Ich bin sehr fleißig und aktiv in meinem Studium. Habe bisher alle Prüfungen bestanden.	8 Ich finde mein Studium sehr spannend. Kann mir das Leben ohne gar nicht vorstellen.	5 Leider nur 5. Wenn ich Erfolg hatte, mache ich mir sofort Sorgen vor der nächsten Prüfung. Fühle mich im Vergleich zu meinen Mitstudenten dumm. Wundere mich, dass es niemand merkt.

Beziehung zur Ursprungsfamilie	Ich telefoniere alle paar Tage mit meiner Schwester und besuche sie in den Semesterferien. Meine Mutter sehe ich zweimal im Jahr.	6 Meine Schwester ist für mich ein ganz wichtiger Mensch. Wir haben in unserer Kindheit in vielen schwierigen Situationen zusammengehalten. Bei ihr kann ich ganz offen sein.	8 Punktabzug, weil meine Schwester zu weit weg ist.
Eigene Familie, Elternrolle	Ist noch zu früh.	4 Vielleicht später wichtig.	
Hobbys	Keine Zeit	3	
Natur Erlebnisse in der Natur, Leben im Einklang mit der Natur	Ich habe mal eine mehrtägige Wanderung in der sächsischen Schweiz gemacht. Das waren ganz besondere Tage. In der Nähe der Uni gibt es ein Naturschutzgebiet. Ich fahre mit dem Fahrrad hin.	7 Wenn ich in der Natur bin, eröffnet sich mir ein ganz anderes Leben. Grübeln und Sorgen sind einfach weg.	8 Punktabzug, weil ich pausenlos lerne und das viel zu selten mache.
Spiritualität und Religion	War nicht Bestandteil meiner Erziehung.		

Soziales und politisches Engagement Mitarbeit in Parteien, sozialen Projekten, Nichtregierungsorganisationen wie Amnesty International Priorität 3	Leider im Moment nichts. Ich war in der Schule mal stellvertretende Schülersprecherin.	7 Ich träume davon, in der Fachschaft mitzuarbeiten. Das finde ich sinnvoll und ich würde vielleicht interessante Leute näher kennenlernen.	0 Mache ja noch nichts.
Selbstfürsorge im Bereich Sport, gesunde Ernährung, Entspannung und Körperpflege	Ich habe früher mal in einem Fitness-Studio trainiert.	5 Wäre gut für meine Gesundheit, ein paar Muskeln mehr zu haben. Fällt aber hinter dem anderen zurück.	0 Ich mache im Moment nichts.

Kommentar: Der Fragebogen macht deutlich, warum Laura depressiv ist. Der Wertebereich »Bildung und Ausbildung«, in dem sie wegen Ihres Studiums am aktivsten ist und die meiste Zeit investiert, erbringt in Bezug auf Zufriedenheit nur eingeschränkt Ertrag. Bezüglich der Konsequenzen für eine hohe Lebenszufriedenheit funktionieren nur der Kontakt mit der Schwester und Aktivitäten in der Natur gut. Diese beiden Aktivitäten sind jedoch aufgrund der Lebensumstände von Laura nur begrenzt ausbaubar. In zwei Bereichen mit hoher Priorität ist Laura gar nicht aktiv.

Direkte und indirekte Effekte beim werteorientierten Verhaltensaufbau

Beim werteorientierten Verhaltensaufbau geht es darum, Aktivitäten neu zu entwickeln oder wiederaufzunehmen, die einen antidepressiven Effekt haben, weil sie in der Wertehierarchie des Betroffenen weit oben stehen und vermutlich zu einer Belohnung führen. Wie man aus Lauras Beispiel sieht, bestehen aber gerade bei den wichtigsten Aktivitäten auch erhebliche Barrieren, die eine spontane Umsetzung erschweren.

■ *Fortsetzung des Fallbeispiels*
Die Therapeutin spricht mit Laura die ausgefüllte Werteliste durch und weist auf diese Zusammenhänge hin. Sie fragt Laura: »Wo könnten Sie anfangen? Welche neue Aktivität wäre so, dass sie weder zu schwer ist, sodass Sie sich sofort überfordert fühlen, noch so leicht, sodass Sie sie für belanglos halten?« Laura: »Ich könnte mich in der Fachschaft engagieren. Die Sprecherin hat mich schon mehrfach angesprochen, ob ich mich nicht engagieren könnte. Ich habe immer abgesagt und auf die nächste Prüfung hingewiesen. Ich würde eigentlich gerne mitmachen, erwarte aber, dass ich mir dadurch noch viel mehr Sorgen mache.« Therapeutin: »Das ist eine super Idee, die sehr gut zu Ihrem Wert soziales Engagement passt. Natürlich kann dieses Engagement zu mehr Sorgen, sich vergleichen oder Scham führen. Ich könnte Ihnen anbieten, Sie dabei zu unterstützen, die Probleme, die sich aus dem neuen Engagement ergeben, gut zu bewältigen.« ■

Laura entscheidet sich, den Schritt zu gehen und bei der Fachschaft mitzuarbeiten. Die Therapeutin geht mit ihr in jeder Sitzung die inneren und äußeren Probleme durch. Tatsächlich kommt es zunächst zu einer Zunahme der Sorgen. Während der Vorbereitung eines Festes der Fachschaft ist Laura aber so eingespannt, dass sie nur noch wenig Zeit für Sorgen hat und diese ganz in den Hintergrund treten. Auch das Grübeln darüber, warum Partnerschaft für sie ein so problematisches Thema ist, tritt in den Hintergrund. Ein weiterer Effekt der Aktivität in der Fachschaft ist, dass Laura mit sehr viel mehr gleichaltrigen Frauen und Männern in Kontakt kommt. Emil, ein Mitstudent, fragt Laura, ob sie mit ihm ausgehen möchte.

Kommentar: Neue Aktivitäten haben direkte und indirekte Auswirkungen. Bestimmte belohnende Effekte können direkt angestrebt werden. Andere ergeben sich eher indirekt, wie bei Laura die Effekte auf Grübeln und Sorgen und der vermehrte Kontakt, der neue Möglichkeiten im Bereich Freundschaft und Partnerschaft erschließt. Die Therapeutin konzentrierte sich zunächst auf eine Aktivität, die von Laura als mittelgradig schwer eingestuft wurde. Sie validierte die Schwierigkeiten und bot Hilfe beim Problemlösen an.

Sport und Bewegung

Die Beziehung zwischen körperlicher Aktivität und Depression ist viel ausgeprägter, als den meisten Menschen bewusst ist. Fehlende oder geringe körperliche Aktivität ist ein wichtiger Risikofaktor für Depression. Auch die freiwillige oder beispielsweise durch einen Unfall erzwungene Beendigung langjähriger sportlicher Aktivität führt zu einem erhöhten Risiko von Depression. Umgekehrt gibt es sehr viel Evidenz, dass der Beginn eines sportlichen Trainingsprogramms eine gute antidepressive Wirkung hat. Die Effektstärke eines solchen Programmes ist ähnlich wie die Einnahme eines Antidepressivums.

Weniger Klarheit herrscht darüber, welche Art von Sport und welche Dosis optimal als Antidepressivum wirken. Angesichts der hierzu fehlenden Daten ist es sinnvoll, sich an den allgemeinen Empfehlungen zur körperlichen Aktivität zu orientieren, wie sie in Deutschland von der Bundeszentrale für gesundheitliche Aufklärung herausgegeben werden.

Die Empfehlung für Erwachsene für jede Woche lautet:
- Mindestens 150 Minuten sportliche Aktivität mit mittlerer Intensität im Ausdauerbereich (z. B. 5 mal 30 Minuten) oder 75 Minuten hohe Intensität.
- Mindestens zweimal pro Woche Training zur Kräftigung der Muskulatur. Dabei sollen alle großen Muskelgruppen durch Einsatz von Gewichten oder Widerstand so belastet werden, dass nach 12 bis 15 Wiederholungen Erschöpfung eintritt.

Die genannten Schwellenwerte sind natürlich etwas willkürlich. Der größte Effekt entsteht, wenn jemand, der sich gar nicht bewegt, mit zumindest geringer Aktivität beginnt. Aktivität, die die Empfehlungen übersteigt, führt zu zusätzlichem Nutzen bezüglich des Risikos von Stoffwechselerkrankungen.

Obwohl die Schwellenwerte nicht sehr hoch angesetzt sind, erfüllen sie nur etwa 20 bis 25 Prozent der erwachsenen Frauen und Männer in Deutschland. Das zeigt, dass das Leben in einem hoch industrialisierten Land mit einem hohen Anteil von motorisierter Fortbewegung es den Menschen schwer macht, nebenbei durch ihre berufliche Aktivität oder durch ihren Weg zur Arbeit oder zur Schule ausreichend aktiv zu sein. Ein weiterer wichtiger Faktor, der körperliche Aktivität behindert, ist die viele Zeit, die die meisten Menschen vor Bildschirmen (Smartphone, Tablet, Laptop, PC oder Fernseher) verbringen.

Um die Empfehlungen zur aeroben Aktivität umzusetzen, bietet sich ein breites Spektrum von Möglichkeiten. Wir beschränken uns hier auf die Möglichkeiten, die die meisten

Menschen ohne großen finanziellen oder zusätzlichen zeitlichen Aufwand umsetzen können:

- Gehen, Wandern oder Laufen: Üben Sie sich darin, im Alltag Strecken bis zu 1000 m zu gehen, anstatt sie zu fahren. Wenn Sie öffentliche Verkehrsmittel benutzen, führt das automatisch zu einer höheren Gehstrecke im Vergleich zur Benutzung eines Autos. Nutzen Sie das Wochenende für Spaziergänge und Wanderungen. Gehen ist auch dann zugänglich und empfehlenswert, wenn Sie übergewichtig sind oder eine chronische Erkrankung haben. Gehen ist an fast allen der 365 Tage des Jahres möglich. Laufen oder Joggen erfordert eine gewisse Sportlichkeit. Wenn Sie an Übergewicht oder orthopädischen Schwierigkeiten leiden, beraten Sie sich unbedingt vor einem Laufprogramm mit einem sportmedizinisch erfahrenen Arzt. Achten Sie unbedingt auf hochwertiges Schuhwerk. Nordic Walking, d. h. Laufen oder Wandern mit entsprechenden Stöcken, ist besonders gelenkschonend.
- Fahrradfahren: Üben Sie sich darin, Strecken zwischen einem und fünf Kilometer im Alltag mit dem Fahrrad zurückzulegen, beispielsweise um zur Arbeit zu kommen oder Einkäufe zu erledigen. Nutzen Sie das Wochenende für Fahrradtouren. Fahrradfahren ist auch dann möglich, wenn Sie übergewichtig sind oder Probleme mit den Sprunggelenken, Knien oder der Hüfte haben. Achten Sie auf geeignete Kleidung, Regenschutz und Sicherheitsausrüstung. Für manche Menschen erleichtert ein Pedelec den Einstieg in häufige Benutzung eines Fahrrades, da hierdurch Steigungen leicht bewältigbar werden.
- Schwimmen: Üben Sie sich darin, zweimal pro Woche eine Stunde Bahnen zu schwimmen. Schwimmen ist besonders gelenkschonend, d. h. auch zugänglich, wenn man ausgeprägte orthopädische Probleme hat.

Krafttraining ist schwerer umzusetzen als aerobes Training. Es ist auch häufig mit einem größeren finanziellen Aufwand verbunden als das Ausdauertraining:
- Melden Sie sich bei einem Fitnessstudio an, lassen Sie sich in die Geräte einweisen und gehen Sie zwei- oder dreimal die Woche hin. Machen Sie das zu einer Gewohnheit, so wie Zähneputzen.
- Werden Sie Mitglied in einem Sportverein, der ein Fitnessstudio betreibt oder Krafttraining anbietet.
- Trainieren Sie zu Hause mit Gymnastikbändern, Gewichten oder einer eigenen Kraftmaschine.

Charakteristische Probleme und ihre Bewältigung bei der Umsetzung eines Bewegungsprogramms für Menschen mit Depression

Wer depressiv ist, ist antriebsarm, lustlos, kraftlos, unausgeschlafen. Manche befürchten, beim Sport auf ihre Erkrankung oder ihre schlechte Stimmung angesprochen zu werden. Alles schlechte Voraussetzungen für Sport. Lassen Sie sich davon nicht abhalten! Der Appetit kommt erst mit dem Essen. Machen Sie Sport, obwohl es schwer ist. Warten Sie nicht darauf, dass Sie Lust haben. Sport funktioniert auch, wenn man keine Lust dazu hat. Es geht nicht darum, eine Leistung zu erbringen, sondern darum, dabei zu sein.

Wer depressiv ist, geht gerne anderen Menschen aus dem Weg. Lassen Sie sich auch hiervon nicht abhalten. Sie müssen beim Sport mit niemandem reden. Konzentrieren Sie sich auf den Sport. Wenn Sie Sport machen, werden andere Menschen Sie nicht als depressiv wahrnehmen.

Der wichtigste Faktor in der Bewältigung dieser Barrieren ist soziale Unterstützung. Suchen Sie sich jemanden, der mit Ihnen Sport macht und Sie dabei unterstützt, einen festen

Rhythmus und feste Zeiten einzuhalten. Zu zweit oder zu mehreren lassen sich neue gute Gewohnheiten sehr viel leichter ausbilden. Kliniken mit hoher Expertise in der Depressionsbehandlung bieten typischerweise ein Sportprogramm in Gruppen an. Diese Kliniken machen die Erfahrung, dass Sport auch für Menschen mit sehr schwerer Depression möglich ist. Mit der Unterstützung der Sporttherapeuten und der Mitpatienten werden Sie feststellen, dass Sport nicht nur eine unangenehme Pflicht ist, sondern auch ein Vergnügen werden kann.

Ein weiterer möglicher Faktor in der Bewältigung der Schwierigkeiten ist der Kontakt mit der Natur, der sich durch Sport ergeben kann. Menschen mit psychischen Problemen profitieren häufig vom Kontakt mit »Grün und Blau«, d.h. Bäumen, Wäldern, Sträuchern, Blumen, Wiesen, Flüssen, Seen und Meer. Wenn Sie die Routen für Gehen und Wandern in einen grünen Bereich oder entlang eines Gewässers legen, werden Sie feststellen, dass sich Ihre körperliche Aktivität sehr viel belohnender anfühlt. Etwas Ähnliches gilt, wenn Sie einen Hund besitzen oder einen Hund »ausleihen« können. Für viele Menschen fühlt es sich besonders mühelos an, mit einem Hund unterwegs zu sein: Hundebesitzer sind deshalb im Mittel deutlich körperlich aktiver.

■ *Beispiel der Erfahrungen mit Sport und Bewegung*
Bei dem Patienten handelt es sich um Peter, der schon in den vorangegangenen Kapiteln vorgestellt wurde.

Die Ärzte in der Psychosomatischen Klinik waren die Ersten, die mit Peter ausführlich über den Zusammenhang zwischen Bewegung, Diabetes und Depression sprachen. Sie erklärten ihm, dass er eine gute Chance hat, durch Bewegung sowohl den Diabetes wie die Depression erheblich zu verbessern. Man kann dem Diabetes »davonlaufen«. Menschen, die 10 000 Schritte am Tag machen, vermindern ihr Risiko für Diabetes und Depression er-

heblich. Peter war sehr skeptisch, ob ihm das gelingen würde. In der Klinik gab es ein tägliches Sportprogramm, an dem er und alle anderen aus seiner Therapiegruppe teilnahmen. Peter fühlte sich in die Schulzeit zurückversetzt, er schämte sich, weil er 20 Jahre keinen Sport mehr gemacht hatte und nicht mehr fit war. Er machte aber aus Pflichtgefühl mit, es tat ihm gut und am Ende des Klinikaufenthalts waren seine Diabeteswerte erheblich besser. Zu Hause fiel er in die alte körperliche Untätigkeit zurück, die Blutzuckerwerte wurden wieder schlechter. Der Hausarzt ging mit Peter den Arztbrief aus der psychosomatischen Klinik durch und betonte die Wichtigkeit der darin enthaltenen Empfehlungen. Das machte Peter dann doch nachdenklich. Er fing an zu experimentieren. Da er als junger Erwachsener Ballsport sehr geschätzt hatte, nahm er Probestunden auf dem Tennisplatz. Schnell stellte er fest, dass er sehr lange würde üben müssen, um passabel zu spielen, und hörte wieder auf. Eine ähnliche Erfahrung machte er beim Versuch, Golf zu spielen. Dann traf er zufällig Franz, einen alten Freund, der früher in der gleichen Firma gearbeitet hatte und jetzt wieder ganz in der Nähe wohnte. Franz berichtete über ganz ähnliche Gesundheitsprobleme, die er aber mit einem Sportprogramm wieder im Griff hatte. Er bot an, zusammen Sport zu machen. Franz besuchte zweimal pro Woche für eine Stunde ein Fitnessstudio und machte Krafttraining. Ebenfalls zweimal pro Woche ging er eine Stunde Fahrradfahren oder machte Nordic Walking. Peter schloss sich einfach an. Nach dem Training redeten die beiden meistens noch miteinander. Mittlerweile sind diese Aktivitäten für Peter ein selbstverständlicher Teil seiner Woche. Seine Diabeteswerte sind wieder im günstigen Bereich. ■

Kommentar: Sport ist eine sehr wirksame Intervention bei Depression und bei metabolischen Erkrankungen wie Diabetes. Stabil eine ausreichende Dosis von Bewegung einzuhalten, gelingt viel besser, wenn es hierfür soziale Unterstützung gibt, d. h. ein Partner oder eine Gruppe vorhanden ist, die ebenfalls Sport macht. So wird aus einer lästigen Pflicht eine angenehme Gewohnheit.

Interpersonelle Fertigkeiten üben

Für eine große Untergruppe von Menschen mit Depression sind unbewältigte zwischenmenschliche Probleme ein wesentlicher aufrechterhaltender Faktor. Zwischenmenschliche Fertigkeiten helfen diese Probleme besser zu bewältigen. Wenn Sie an Depression leiden, ist es häufig hilfreich, alte Fertigkeiten wieder zu aktivieren oder neue zu erlernen und zu üben. Menschen erwerben diese Fertigkeiten in Kindheit und Jugend von ihrer Familie und von ihrer Peergroup. Das passiert jedoch in sehr unterschiedlichem Ausmaß. Wenn Sie in dem Bereich sicherer werden wollen, brauchen Sie etwas Theorie, die Sie in den folgenden Absätzen finden können. Lassen Sie sich dabei gerne von Ihrem Psychotherapeuten unterstützen, indem Sie Situationen aus Ihrem Leben genau auswerten, in denen Sie nicht erreicht haben, was Sie wollten, neue Möglichkeiten im Umgang mit den Problemen entwickeln, ausprobieren und üben. Zwischenmenschliche Ereignisse sind in der Regel vernetzt mit den anderen Problembereichen bei Depression.

Vermeidungsverhalten blockiert die Anwendung von interpersonellen Fertigkeiten. Wenn Sie die Wahrnehmung eigener Rechte (Sie finden dazu mehr unter dem Stichwort Selbstbehauptung, siehe Seite 142) vermeiden, können Sie kurzfristig unangenehmen Emotionen ausweichen, langfristig führt dies aber zu mehr Misserfolg und Leid. Sie verlieren möglicherweise die Übung darin, sich in schwierigen Situationen angemessen zu verhalten.

Grübeln und Sorgen verschlechtern die Wahrnehmung der zwischenmenschlichen Umwelt. Sie können Ihre Aufmerksamkeit ja nicht überall haben. Menschen, die viel Zeit mit kreisförmigen Gedanken verbringen, experimentieren und üben weniger. Grübeln und Sorgen orientieren sich an Fehlschlägen der Vergangenheit und möglichen Katastrophen in der Zukunft. Aus dem Nachdenken über diese Themen ergeben sich aber nur selten günstige Handlungsanweisungen für die Gegenwart. Es ist wie im biblischen Bericht über Lots Frau und der Sage von Orpheus und Eurydike. Zurückschauen verschlechtert die Aufmerksamkeit für die Notwendigkeiten der Gegenwart. Lots Frau erstarrte zu einer Salzsäule, weil sie auf Sodom zurückblickte, und nachdem sich Orpheus nach ihr umgedreht hatte, musste Eurydike zurück ins Totenreich.

Ein weiterer Anknüpfungspunkt für das Üben von interpersonellen Fertigkeiten ist Emotionsregulation: Sie gelingt besser, wenn Sie andere Menschen miteinbeziehen, z. B. indem Sie beispielsweise andere bitten, Sie zu trösten, oder sie auffordern, Sie zu loben oder sich mit Ihnen zu freuen.

Interpersonelle Fertigkeiten sind wichtig, um werteorientiert handeln zu können, d. h. Ziele so setzen zu können, dass sie Ihren Werten entsprechen. Werteorientiert handeln zu können, ist eine Voraussetzung für ein sinnerfülltes, lebenswertes Leben.

In folgenden Bereichen und Situationen können Sie Ihre interpersonellen Fertigkeiten üben

Kommunikation

- Gespräche beginnen und aufrechterhalten
- Gespräche beenden

Management von Konflikten
- Aushandeln von Kompromissen und Lösungen
- Eine abweichende Meinung äußern
- Anschuldigungen zurückweisen
- Belastende Situationen beenden

Selbstbehauptung
- Bitten und Wünsche vorbringen
- Forderungen stellen, sich beschweren
- Bitten und Wünsche zurückweisen
- Auf Beschwerden reagieren
- Sich entschuldigen
- Versuchungen zurückweisen
- Unerwünschte Vorschläge und Kontakte zurückweisen

Freundschaften und Partnerschaften pflegen
- Um Beziehung werben
- Gemeinsame Interessen herausfinden
- Komplimente machen
- Komplimente annehmen
- Sich mit jemandem verabreden
- Eine Verabredung beenden
- Unerwünschte sexuelle Annäherungsversuche zurückweisen

Für die eigene Gesundheit sorgen
- Einen Termin beim Arzt ausmachen
- Fragen zur Medikation stellen
- Fragen zu Behandlungsmöglichkeiten stellen
- Mit dem Partner oder anderen vertrauten Menschen über Depression sprechen
- Gemeinsam mit anderen eine sorgfältig zubereitete Mahlzeit einnehmen (anstatt allein Junkfood zu essen)

Mit Situationen am Arbeitsplatz umgehen
- Ein Bewerbungsgespräch führen
- Um Rückmeldung zur eigenen Arbeitsleistung bitten
- Auf Kritik an der Arbeit reagieren

Planung interpersoneller Situationen

Bei der Planung und Vorbereitung von zwischenmenschlichen Situationen sollten Sie die folgenden drei Punkte überlegen.
1. Ziel: Was möchte ich erreichen? Was soll der Endpunkt der Situation sein? Liegt das Verhalten, das ich zeigen möchte, im Bereich meiner Fähigkeiten und Möglichkeiten? Welches Verhalten ist erforderlich, um mein Ziel zu erreichen?
2. Beziehung: Wie wirkt sich das Verhalten, das ich zeigen möchte, auf die Beziehung zu meinem Interaktionspartner aus?
3. Selbstachtung: Wie wirkt sich das Verhalten, das ich zeigen möchte, auf meine Selbstachtung aus? Passt es zu mir, so wie ich bin oder mich entwickeln möchte? Passt es zu meinen Werten?

Bei den meisten zwischenmenschlichen Situationen sind alle drei Elemente in der Begegnung mit einem Gesprächspartner enthalten. Sie können entscheiden, was im Vordergrund stehen soll, um die richtige Gewichtung vorzunehmen.

In privaten, freundschaftlichen oder in Kontakten zu Arbeitskollegen steht oft der Beziehungsaspekt im Vordergrund, die Kontakte zu diesen Menschen sind langfristig angelegt. Besonders Situationen, die Sie mit Menschen erleben, die Ihnen gegenüber eine wohlwollende Haltung haben, verdienen es, den Beziehungsaspekt zum Schwerpunkt der eigenen Handlung zu machen. Wenn sich in diesen Beziehungen die Umstände so entwickeln, dass die Situation nicht mehr mit Ihren

Werten übereinstimmt, kann eine Betonung der Selbstachtung notwendig sein. Sie werden mit Ihren Entscheidungen am ehesten auch langfristig zufrieden sein, wenn Sie Ihren eigenen Werten eine hohe Priorität geben.

In Situationen, in denen der Kontakt zu dem Gegenüber von kurzer Dauer und mit der Erreichung von eigenen Zielen und Rechten verbunden ist, steht typischerweise die Zielerreichung im Vordergrund. Zu solchen Situationen gehören Termine bei Behörden, Einkaufssituationen, Kontakte zu Vermietern und Ähnliches. Natürlich ist es auch in solchen Situationen wichtig, freundlich zu sein. Dennoch liegt der Schwerpunkt darin, das eigene Ziel zu verfolgen und den Nachdruck, mit dem Sie den eigenen Standpunkt vertreten, auf das Entgegenkommen des Gegenübers abzustimmen.

Freundliches, selbstunsicheres und aggressives Verhalten

Merkmale freundlichen Verhaltens

- Aufmerksamkeit auf die eigenen Bedürfnisse und die des Interaktionspartners
- Wertschätzung für das Verhalten des Interaktionspartners
- Klare Äußerung von eigenen Wünschen und Bedürfnissen
- Geduld und Hilfsbereitschaft in Beziehungen, die Gegenseitigkeit erwarten lassen
- Offenheit, Ehrlichkeit
- Fehler und Probleme einräumen

Merkmale von selbstunsicherem Verhalten

- Wünsche von Partnern und Freunden erfüllen, selbst wenn Sie das gewünschte Verhalten nicht in Ordnung finden oder Sie dadurch in eine Überforderungssituation geraten
- Nett sein, egal wie schlecht sich andere Menschen benehmen

- Immer auf die Wünsche anderer achten, selbst wenn die eigenen Bedürfnisse dabei untergehen
- Bei Konflikten immer nachgeben
- Sich aus einer Beziehung zurückziehen, anstatt etwas zu sagen, das Ihnen wichtig ist, das aber zu einem Konflikt führen könnte
- Situationen vermeiden, die dazu führen können, dass andere einen beachten oder beurteilen
- Fehler und Probleme verschweigen
- Sich ausführlich rechtfertigen, wenn Fehler und Probleme sichtbar werden
- Sich selbst kritisieren, bevor es andere tun könnten
- Dinge schönreden oder so tun, als ob alles in Ordnung wäre, damit andere zufrieden sind

Merkmale von aggressivem Verhalten
- Anderen zeigen, dass ihre Gedanken, Bedürfnisse oder Emotionen keine Gültigkeit haben
- Mit Verlassen drohen, wenn die eigenen Wünsche nicht erfüllt werden
- Mit Wutausbrüchen oder Gewalt drohen
- Schuldzuweisungen an andere
- Den anderen beschimpfen oder in abwertender Form kritisieren
- Schuldgefühle hervorrufen
- Dem anderen »das Wort im Mund umdrehen«
- Den anderen bestrafen: Zuwendung und Unterstützung zurückhalten
- Dinge tun, die den anderen provozieren
- Klatsch und Tratsch

Konfliktbewältigungsstrategien lernen

Validierung

Ein guter Einstieg in ein Gespräch über ein Problem ist die Validierung des Verhaltens des Interaktionspartners. Denken Sie daran: Validieren bedeutet weder gutheißen noch zustimmen. Es zeigt aber, dass Sie sich in wohlwollender Weise Gedanken darüber machen, was der andere sagt oder wie er sich verhält.

Validierungsstrategien können in verschiedene Kategorien eingeteilt werden. Betrachten wir hierzu eine konkrete Situation. Ihr Partner kommt zu einer Verabredung zu spät.

Sie können bei der Validierung:

- Beschreiben, was passiert: »Du bist zu spät dran.«
- Die Ebene wechseln: »Möglicherweise hast du gedacht, mir ist es nicht wichtig, wann wir losgehen.«
- Die Vorgeschichte miteinbeziehen: »Du warst gestern sehr erschöpft. Vielleicht bist du deshalb nicht aus dem Bett gekommen.«
- Normalisieren: »Zu spät kommen kann jedem passieren.«

Nachdem Sie einen dieser validierenden Sätze ausgesprochen haben, können Sie dann das Problem aus Ihrer Perspektive ansprechen und eigene Anliegen kommunizieren. In diesem Fall sagen Sie zum Beispiel: »Bitte ruf mich das nächste Mal an, damit ich weiß, wo du bist.«

Gesprungene Schallplatte[14]

Wenn jemand Ihr Anliegen nicht aufnimmt, ist es besser, das Anliegen zu wiederholen, als in die Breite zu gehen und neue

---

14 Die »Gesprungene Schallplatte« ist eigentlich eine ausgestorbene Metapher, da es keine Schallplatten mehr gibt. Bisher konnte sie in der Psychotherapie jedoch durch kein besseres Bild ersetzt werden.

Argumente zu sammeln. Verändern Sie wenige Worte an der Formulierung, aber auch nicht mehr, und wiederholen Sie einfach das, was Sie gesagt haben.

Problemklärung
Möglicherweise beruht der Konflikt darauf, dass Sie das Anliegen des anderen, der Sie kritisiert, noch nicht genau verstanden haben. Fragen Sie so lange, bis Sie die wesentliche Information besitzen (anstatt nach Gegenargumenten zu suchen).

Teilweise Zustimmung
Globale Angriffe in einem Konfliktgespräch können häufig dadurch entschärft werden, dass Sie sich auf den »wahren Kern« der Vorwürfe konzentrieren und diesen einräumen.
Beispiel: Sie kommen zu spät, weil Sie versäumt haben, rechtzeitig loszugehen. Tatsächlich sind Sie selten unpünktlich. Ihr Partner sagt: »Immer kommst du zu spät!« Sie sagen: »Du hast recht, ich bin heute tatsächlich unpünktlich. Lass mich erklären, was passiert ist.« Diese Variante ist erheblich besser als zu sagen: »Stimmt nicht, ich bin fast immer pünktlich!«

Dialektische Lösungen und Suche nach einem mittleren Weg
Geben und nehmen: Beispiel: »Ich kaufe jeden Samstag ein, du putzt jeden Samstag das Bad.«
Wenn du es machst, mach es nach deinen Regeln, wenn ich es mache, mache ich es nach meinen Regeln: Beispiel: Wenn du kochst, halte ich mich mit Kommentaren und Ratschlägen zurück, wenn ich koche, erwarte ich das Gleiche von dir.
Probezeit: Beispiel: »Ich konzentriere mich im nächsten Jahr auf die Kinderbetreuung und du arbeitest Vollzeit. Dann diskutieren wir die Aufgabenteilung zwischen uns neu.«

Problematische Interaktionen auswerten und daraus lernen

Eine wichtige Strategie, um Ihre interpersonellen Fertigkeiten zu verbessern, besteht darin, Interaktionen, in denen Probleme aufgetreten sind oder Sie nicht bekommen haben, was Sie angestrebt haben, systematisch auszuwerten. Daraus ergeben sich Ansatzpunkte, wo Sie Ihre Vorbereitung auf zukünftige Begegnungen verbessern können.

Hatten Sie klare Ziele?
- Wussten Sie, was Sie wollten?
- Wussten Sie, was Sie nicht wollten?
- Waren Sie sich Ihrer Werte bewusst, wie Sie behandelt werden wollten und wie Sie mit anderen umgehen wollten?

Haben Sie oder Ihr Interaktionspartner aggressive Strategien eingesetzt?
- Entwertung
- Mit Rückzug drohen
- Mit aggressivem Verhalten drohen
- Schuldzuweisungen
- Kleinmachen
- Schuldgefühle erzeugen
- »Das Wort im Mund umdrehen«
- Bestrafung

Haben Sie oder Ihr Interaktionspartner passive Strategien eingesetzt?
- Vermeiden von Themen, Zurückhalten von Informationen
- Den anderen »gegen die Wand fahren lassen«

Gab es blockierende Faktoren für Ihr Verhalten?
- Intensive Emotionen (z. B. Angst, Scham, Ärger)
- Grübeln und Sorgen
- Störende Gedanken (»Ich bin hilflos, kann nichts machen«, »Ich würde es nicht aushalten, wenn er ärgerlich wird«, »Es wird schlecht für mich ausgehen, wenn ich meine Bedürfnisse äußere«)

Gab es Probleme mit der Selbstsicherheit und der Anwendung von Kommunikationsregeln?
- Haben Sie Bewertungen anstelle von Fakten vorgebracht?
- Haben Sie übergenau beschrieben, was Sie wollen oder brauchen?
- Haben Sie »du musst« anstelle von »ich brauche« gesagt?
- Sind Sie von unüberprüften Annahmen ausgegangen?
- Waren Sie unkonzentriert und mit den Gedanken nicht bei der Sache?

Haben Sie Konfliktbewältigungsstrategien eingesetzt?
- Validierung
- Gebrochene Schallplatte
- Problemklärung
- Teilweise Zustimmung
- dialektische Lösungen angeboten

■ *Beispiel der Erfahrungen von Laura mit dem Üben von interpersonellen Fertigkeiten in ihrer Therapie*
Laura haben wir bereits in den vorangegangenen Kapiteln kennengelernt.

Laura lebt seit einem halben Jahr mit Ferdinand zusammen. Die Initiative für diese Beziehung ging von Ferdinand aus. Laura entdeckte schnell viele Ähnlichkeiten. Beide leiden unter Depression und sind deswegen in Behandlung, beide kommen aus Familien, die ihnen wenig Unterstützung gegeben haben, beide haben ähnliche Interessen im Studium. Ferdinand ist mutiger und frecher, das imponiert Laura. Gleichzeitig braucht Ferdinand häufig Trost und Unterstützung, was ihr das Gefühl gibt, wirklich gebraucht zu werden. Ferdinand belastet die Beziehung häufig mit aggressivem Verhalten. Ein Beispiel, das sich mehrmals in ähnlicher Form wiederholt: Laura besucht eine Vorlesung, die Ferdinand schwänzt. Laura kommt zurück in die Wohngemeinschaft. Ferdinand sagt: »Da ist sie ja wieder, die kleine Angeberin. Du glaubst wohl, Du bist etwas Besseres. Du lässt mich hier allein. Da können wir uns ja gleich trennen. Bestimmt sagst Du gleich wieder: Das habe ich nicht gewusst.« Laura rechtfertigt sich: »Ich habe gedacht, es ist gut, wenn wenigstens einer von uns zur Vorlesung geht.« Ferdinand dreht sich zur Wand und spricht in der nächsten halben Stunde kein Wort. Laura richtet Abendessen an und sagt: »Komm, bitte steh auf, Du musst doch auch was essen!« Ferdinand kommt an den Tisch und redet über ein Musikstück, das ihm besonders gefällt.

Laura bespricht die Situation mit ihrer Therapeutin. Sie beschreibt, dass sie in der Situation intensive Schuldgefühle und Hilflosigkeit erlebt hat. Sie beschreibt Ähnlichkeiten mit Situationen, in denen ihre Mutter sie mit Vorwürfen überzogen hatte. Die Therapeutin schlägt vor, das Ereignis systematisch auszuwerten. Laura kann sofort benennen, welche Strategien Ferdinand eingesetzt hat: Entwertung, mit Rückzug drohen, Schuldgefühle erzeugen, »das Wort im Mund umdrehen«, durch Schweigen bestrafen. Laura wird auch klar, dass Sie keine Bewältigungsstrategie eingesetzt hat, um sich mit der Situation auseinanderzusetzen. Vielmehr ist es möglich, dass ihre Reaktion eine Belohnung für das Verhalten von Ferdinand dargestellt hat und damit das Wiederholungsrisiko steigt. Laura und die Therapeutin diskutierten verschiedene alternative Strategien.

■ *Das nächste Mal läuft die Situation wie folgt ab:*
Laura: »Ferdinand, sieh mich an! Du hast sicherlich gute Gründe, schlechter Laune zu sein! Interessiert es Dich, wie es sich auf mich auswirkt, wenn Du mich so begrüßt?«
Ferdinand: »Na, sag schon!«
Laura: »Ich habe Schuldgefühle. Dabei tue ich eigentlich genau das, was ich für richtig halte. Ich sorge für mich, indem ich mein Studium vorantreibe. Und da frage ich mich, möchtest Du nicht, dass ich gut für mich sorge?«
Ferdinand: »Doch, ich habe halt schlechte Laune, weil mir der Antrieb fehlt und ich nicht vorankomme.«
Laura: »Dann fang bitte an, auch wieder für Dich zu sorgen. Beispielsweise könntest Du wieder zu Deiner Psychotherapie gehen, anstatt ständig abzusagen. Und das nächste Mal, wenn ich aus der Vorlesung komme, möchte ich liebevoll begrüßt werden.« ■

Kommentar: Lauras ursprüngliche beschwichtigende Reaktion auf das aggressive Verhalten Ferdinands birgt die Gefahr von Wiederholung. Hieraus ergibt sich eine chronische Stressbelastung für Laura und ein aufrechterhaltender Faktor für ihre eigene psychische Erkrankung. In der neu erarbeiteten Version verhält sich Laura selbstbewusst, ohne selbst aggressiv zu werden. Sie betont ihre eigenen Werte und formuliert genau, was sie möchte. Das neue Verhalten hat eine antidepressive Wirkung für sie. Es ist auch hilfreich für Ferdinand, der so eine Chance hat, ein für den langfristigen Erhalt seiner Partnerschaft günstigeres Verhalten zu entwickeln und sich besser um seine eigene psychische Gesundheit zu kümmern.

Metakognitive Fertigkeiten üben

Sie haben in den obigen Abschnitten kennengelernt, wie Grübeln und Sorgen Depression aufrechterhalten können (siehe Seite 52, »Symptome von Depression, die nicht zur Diagnose verwendet werden«, und Seite 61, »Metakognition«). Sie haben auch gesehen, dass es leider alles andere als leicht ist, damit aufzuhören. Man kann nicht nur sagen: »Don't worry, be happy!«, und sich dann einfach keine Sorgen mehr machen. Einsicht und das Wissen, dass Grübeln und Sorgen keine Problemlösungen hervorbringen, sind natürlich ein wichtiger erster Schritt. Was Sie zusätzlich brauchen, sind Fertigkeiten im Bereich Aufmerksamkeitslenkung und im Bereich Achtsamkeit. Diese können Sie lernen und üben. Vermutlich werden neue Fertigkeiten in diesen Bereichen nicht unmittelbar antidepressiv wirken, mit Verzögerung aber wesentliche Veränderungen in Ihrem Leben bewirken. Lassen Sie sich von Ihrem Psychotherapeuten unterstützen, denn gerade Achtsamkeitsfertigkeiten sind manchmal nicht ohne Tücken. Auf diese gehen wir später genauer ein (siehe Seite 154 und »Übung von metakognitiven Fertigkeiten in der Psychotherapie von Depression« ab Seite 163), im folgenden Abschnitt zunächst etwas Theorie und dann eine Reihe von möglichen Übungen.

Das Gehirn hat keine Reset-Taste

Metakognition bedeutet Denken über das Denken und beinhaltet Wissen darüber, wie Denken funktioniert. Denken hat bestimmte eigene Gesetzmäßigkeiten, die es von anderen Bereichen des Verhaltens unterscheidet. Bewegungsverhalten unterliegt der bewussten Kontrolle. Sie können sich entscheiden, ob Sie vom Stuhl aufstehen oder nicht. Sie können auswählen, worauf Sie Ihre Aufmerksamkeit lenken, ob Sie ein

Musikstück anhören oder zuhören, was Ihr Partner sagt. Sie können sich aber nicht entscheiden, einen Gedanken nicht zu haben. Wenn Sie nicht mehr daran denken wollen, wie belastend Ihre Kindheit oder wie schmerzhaft die Trennung von Ihrer Freundin waren, dann können Sie damit nicht einfach aufhören. Etwas Ähnliches gilt im Bereich der Emotionen. Wenn Sie traurig sind, können Sie sich nicht entscheiden, nicht mehr traurig zu sein. Typischerweise entsteht durch den Versuch, einen Gedanken oder eine Emotion nicht zu haben, ein paradoxer Effekt: Es kommt zu einem häufigeren Auftreten des Gedankens oder der Emotion. Das bedeutet, im Bereich des menschlichen Verhaltens unterliegt Motorik und Aufmerksamkeit der bewussten Steuerung, Denken und Emotionen entziehen sich aber an vielen Stellen der bewussten Kontrolle. Das Gehirn hat keine Reset-Taste. Die Psychologie kennt keinen Prozess, der »Verlernen« heißt. Es gibt nur Prozesse, die Verhalten abschwächen wie Vergessen[15]. Das Gehirn arbeitet im Wesentlichen durch Hinzufügen von Information, nicht durch Wegnehmen. Wenn Sie an einer Depression leiden, dann ist dies Wissen von extremer Bedeutung. Sie können neue Gedanken entwickeln (Ideen, Pläne, Perspektiven auf zukünftige Möglichkeiten oder vergangene Ereignisse) und diese Ihrem seelischen Leben hinzufügen, aber Sie können nicht alte belastende Gedanken oder Emotionen auslöschen. Im günstigsten Fall kann das Alte verblassen und in den Hintergrund treten. Verschwenden Sie deshalb keine Zeit, »gegen die Depression zu kämpfen«! Vermeiden Sie das Vermeiden von Gedanken und

---

15 Vergessen ist tatsächlich ein aktiver Prozess. Wenn Sie beispielsweise wissen, dass Sie eine Telefonnummer nur einmal brauchen, werden Sie sie ganz schnell vergessen. Ganz anders wird es sein, wenn die Nummer zu jemandem gehört, den Sie näher kennenlernen wollen. Vergessen funktioniert nur bei Dingen mit geringer emotionaler Bedeutung.

Emotionen. Versuchen Sie nicht, zu vergessen oder nicht an etwas zu denken. Nehmen Sie keinen Alkohol, Drogen oder Medikamente mit dem Ziel, Gedanken und Emotionen wegzuschieben. Üben Sie stattdessen Aufmerksamkeit und Achtsamkeit.

Eine kleine Erläuterung aus dem Alltag zu dem oben Gesagten: Stellen Sie sich vor, Sie arbeiten für einige Monate in den USA. Nach dem ersten Arbeitstag sagen Sie zu Ihrem amerikanischen Freund: »My new chef is a very prudent and kind person.« Ihr Freund fragt: »You are talking about your boss?« In diesem Moment fällt Ihnen ein, dass Sie in der Sprachschule eine Liste »falscher Freunde« durchgearbeitet haben, dass »chef« auf Englisch Koch bedeutet und »boss« die richtige Übersetzung des deutschen »Chef« ist. Wie gehen Sie jetzt damit um? Am besten üben Sie das Wort »boss«, indem Sie es unmittelbar mehrfach verwenden. Es würde nicht helfen zu versuchen, das Wort »chef« zu vergessen. Sie brauchen es noch, wenn Sie in den USA über Ihre Erfahrungen in einem Restaurant sprechen wollen, oder in Deutschland, wenn Sie über Ihren Vorgesetzten sprechen wollen. Auch dann, wenn Ihnen der Fehler peinlich war, würde es nicht helfen, ihn vergessen zu wollen.

Aufmerksamkeit trainieren

Aufmerksamkeit lässt sich bewusst steuern. Sie können sie auf einen bestimmten Gegenstand ausrichten, Sie können sie auf mehrere Dinge verteilen, Sie können den Fokus Ihrer Aufmerksamkeit wechseln und Sie können Ihre Aufmerksamkeit zurückholen, wenn Sie abgeschweift sind. Diese Aufmerksamkeitssteuerung lässt sich durch Training sogar verbessern. Wissenschaftliche Evidenz zeigt, dass Aufmerksamkeitstraining einen antidepressiven Effekt hat. Das liegt vermutlich daran, dass

Sie dann Ihre Aufmerksamkeit schneller auf das zurückholen können, was Ihnen im Moment wirklich wichtig ist.

Die folgende Übung ist an das Aufmerksamkeitstraining (ATT) aus der metakognitiven Therapie von Adrian Wells angelehnt (Wells 2009). Beim ATT steht die Flexibilität der Aufmerksamkeit im Vordergrund. ATT übt selektive Aufmerksamkeit, schnelle Verlagerung der Aufmerksamkeit und geteilte Aufmerksamkeit. Die vorhandenen Aufmerksamkeitsressourcen sollen bei der Übung ausgeschöpft werden:

Zur Vorbereitung brauchen Sie drei verschiedene Geräuschquellen innerhalb eines Zimmers. Beispielsweise ein tickendes Metronom, ein Radio, das Sie zwischen zwei Sender einstellen, damit es rauscht, und einen CD-Player, auf dem Sie mit geringer Lautstärke eine Musik-CD oder ein Hörbuch abspielen.

1. *Nehmen Sie eine Körperhaltung ein, in der Sie einige Zeit verweilen können.*
2. *Richten Sie Ihre Augen auf einen Punkt an der Wand. Halten Sie Ihre Augen offen.*
3. *Folgen Sie dann den Instruktionen:*
4. *Richten Sie jetzt Ihre Aufmerksamkeit auf das Geräusch 1 (z.B. Metronom). Alle anderen Geräusche sind unwichtig, konzentrieren Sie sich ausschließlich auf Geräusch 1. (lange Pause)*
5. *Richten Sie jetzt Ihre Aufmerksamkeit auf das Geräusch 2 (z.B. Radio). Alle anderen Geräusche sind unwichtig, konzentrieren Sie sich ausschließlich auf Geräusch 2. (lange Pause)*
6. *Richten Sie jetzt Ihre Aufmerksamkeit auf das Geräusch 3 (z.B. Musik). Alle anderen Geräusche sind unwichtig, konzentrieren Sie sich ausschließlich auf Geräusch 3. (lange Pause)*
7. *Versuchen Sie jetzt, weitere Geräuschquellen außerhalb des Zimmers zu identifizieren (z.B. Stimmen, Geräusche von*

Autos, Geräusche von Flugzeugen, Vögel, Wind). Richten Sie jeweils eine Zeit lang Ihre Aufmerksamkeit ausschließlich auf dieses Geräusch.
8. *Verlagern Sie jetzt Ihre Aufmerksamkeit schnell zwischen den Geräuschen hin und her. Richten Sie als Erstes Ihre Aufmerksamkeit auf das Geräusch 1, kein anderes Geräusch ist von Bedeutung. (kurze Pause) Richten Sie jetzt Ihre Aufmerksamkeit auf Geräusch 2, kein anderes Geräusch ist von Bedeutung. (kurze Pause) Richten Sie jetzt Ihre Aufmerksamkeit auf Geräusch 3, kein anderes Geräusch ist von Bedeutung. (kurze Pause) Richten Sie jetzt Ihre Aufmerksamkeit auf die Geräusche außerhalb des Zimmers (z.B. Stimmen), kein anderes Geräusch ist von Bedeutung. (kurze Pause)*
9. *Dehnen Sie jetzt den Fokus Ihrer Aufmerksamkeit aus. Richten Sie Ihre Aufmerksamkeit auf alle Geräusche gleichzeitig. Versuchen Sie, alle Geräusche gleichzeitig zu hören. Zählen Sie, wie viele Geräusche Sie gleichzeitig hören können.*

Eine zugehörige Audiodatei finden Sie kostenlos im Internet unter https://www.metakognitivetherapie.de/
   aufmerksamkeitstraining-att

Achtsamkeit üben

Achtsamkeit ist ein komplexer psychologischer Prozess. Er ist durch folgende Merkmale charakterisiert:
- Die Aufmerksamkeit ist auf die Wahrnehmungen in der Gegenwart ausgerichtet
- Einnehmen einer Beobachterposition: Man blickt aus der Perspektive des inneren Beobachters auf innere und äußere Ereignisse
- Haltung von Neugierde, Offenheit und Akzeptanz gegenüber den gegenwärtigen Erfahrungen

- Wahrnehmung ohne Einschränkungen
- Bewusstsein für die verschiedenen Ebenen:
  - eigenes Selbst (innerer Beobachter)
  - innere Ereignisse (Gedanken, Emotionen, Körperwahrnehmungen)
  - Wahrnehmungen der äußeren Welt durch die Sinne
- Verzicht auf Bewertung
- Verzicht auf konzeptuelle Verarbeitung
- »Nicht-Handeln«, Verzicht auf Reaktion auf Wahrnehmungen, Gedanken oder Emotionen

Achtsamkeit ist grundsätzlich eine angeborene Fähigkeit. Sie lässt sich aber weiter verfeinern und üben. Aus therapeutischer Sicht ist vor allem Folgendes wichtig: Gedanken sind innere Ereignisse mit einer wechselnden Beziehung zur äußeren Welt. Die Beziehung von Denken und Handeln ist nicht direkt. Nur wenige ausgewählte Gedanken werden tatsächlich in Handeln umgesetzt.

Auch bei der Achtsamkeit zeigt die wissenschaftliche Evidenz einen antidepressiven Effekt. Das liegt vermutlich daran, dass Achtsamkeitsübungen Grübel- und Sorgenprozessen entgegenwirken, die kognitive Flexibilität erhöhen und dabei helfen, Gedanken einfach als Gedanken zu betrachten (Defusion).

Atem-Meditation

Bei der Atem-Meditation ist der Gegenstand der Meditation der Prozess der eigenen Atmung. Die Aufmerksamkeit wird immer wieder hierauf zurückgeholt. Wahrgenommene andere innere und äußere Ereignisse werden begrüßt, aber nicht bearbeitet. Lassen Sie sie vorbeiziehen »wie Wolken am Himmel«.

1. Nehmen Sie eine Körperhaltung ein, in der Sie einige Zeit verweilen können. Wenn Sie auf einem Stuhl sitzen, halten Sie die Wirbelsäule und den Kopf gerade (falls es Ihnen angenehmer ist, lehnen Sie sich an), lassen Sie die Schultern hängen, legen Sie die Hände ineinander oder auf die Oberschenkel, achten Sie darauf, dass die Fußsohlen flach auf dem Boden aufliegen.
2. Sie können Ihre Augen schließen, wenn sich das für Sie angenehm anfühlt, oder richten Sie Ihren Blick auf den Boden etwa zwei Meter vor Ihnen.
3. Richten Sie Ihre Aufmerksamkeit auf Ihren Bauch, ein kleines Stück unterhalb des Nabels und nehmen Sie wahr, wie sich Ihr Bauch mit jedem Einatmen ausdehnt und bei jedem Ausatmen zusammenzieht.
4. Richten Sie Ihre Aufmerksamkeit auf den Atem, seien Sie bei jedem Atemzug dabei.
5. Zählen Sie die Atemzüge: einatmen, ausatmen – eins; einatmen, ausatmen – zwei; einatmen, ausatmen – drei … Zählen Sie bis zehn und beginnen Sie dann wieder bei eins.
6. Wenn Sie bemerken, dass Ihre Aufmerksamkeit von der Atmung abgeschweift ist oder Sie sich verzählt oder zu weit gezählt haben, dann beginnen Sie beim nächsten Atemzug wieder bei eins.
7. Auch wenn Sie tausendmal abschweifen, richten Sie Ihre Aufmerksamkeit immer wieder sanft und nicht-bewertend auf die Atmung zurück.

Üben Sie jeden Tag zwischen 15 und 20 Minuten. Nutzen Sie hierfür gerne auch eine Mediations-App auf Ihrem Smartphone.[16] Lassen Sie den Stuhl, auf dem Sie üben, immer auf

---

16 Viele dieser Apps sind nur in ihrer Basisversion kostenlos. Einige Krankenkassen bieten kostenlose Apps für ihre Mitglieder an.

einem festen Platz stehen, damit Sie sich täglich an das Üben erinnern. Sie können sich auch ein Meditationskissen zulegen.

Defusionsübungen

Defusionsübungen sind Achtsamkeitsübungen, bei denen die Betrachtung von Gedanken und Emotionen als vergängliche innere Ereignisse im Vordergrund steht. Im Hintergrund steht die Überlegung, dass Menschen dazu neigen, die äußere Wirklichkeit und damit verbundene Gedanken und Emotionen als eine Einheit zu betrachten (Fusion von Gedanken, Emotionen und Wirklichkeit) (Hayes et al., 2016). Tatsächlich sind die Wirklichkeit und Gedanken im Regelfall nur lose verbunden. Fusion beeinträchtigt die psychologische Flexibilität. Defusionsübungen sind dann besonders nützlich, wenn Sie von wiederkehrenden Gedanken, Bewertungen oder Emotionen gequält werden, die keinen offensichtlichen Bezug zu Ihrer zwischenmenschlichen Lebensrealität haben. Defusionsübungen nützen Ihrer Imagination, um wieder Flexibilität herzustellen und Ihre Perspektive auf das Denken zu verändern.

- Stellen Sie sich vor, auf einer Wiese zu sitzen und vorbeiziehenden Wolken zuzusehen, die mit für Sie quälenden Gedanken oder Emotionen beschriftet sind (z. B. »Ich bin ein Versager«, »Es wird nie besser werden«, »Ich muss unter 50 kg wiegen«, »Wut«, »Trauer«, »Liebe«). Lassen Sie zu, dass die quälenden Gedanken mit den Wolken vorbeiziehen.
- Stellen Sie sich vor, Sie sitzen am Ufer eines Flusses und Ihre auf Papier geschriebenen Gedanken fließen vorbei. (Diese Übung können Sie auch praktisch durchführen. Schreiben Sie Ihre Gedanken auf Zettel und werfen Sie sie von einer Brücke in einen Fluss oder Bach.)
- Stellen Sie sich vor, Ihre Gedanken sind in den Sand ge-

schrieben. Die Flut kommt und spült die Worte fort. (Wenn Sie am Meer wohnen oder im Urlaub sind, können Sie diese Übung auch praktisch umsetzen.)
- Stellen Sie sich vor, Ihre Gedanken sind auf Papier geschrieben und Sie verbrennen sie in einem Kaminofen (praktisch umsetzbar, wenn Sie einen Ofen oder eine Feuerstelle haben).
- Stellen Sie sich vor, Ihre Gedanken sind auf Blätter an einem Baum geschrieben. Ein Sturm kommt, reißt die Blätter ab und verstreut sie.
- Nehmen Sie eine Körperhaltung ein, in der Sie einige Zeit verweilen können. Schließen Sie die Augen. Stellen Sie sich jetzt die Übung vor, für die Sie sich entschieden haben. Beobachten Sie, wie Ihre Gedanken kommen und gehen. Versuchen Sie nicht, irgendwelche Gedanken zu stoppen, kritisieren Sie sich nicht wegen irgendwelcher Gedanken, beobachten Sie, wie die Gedanken – bedeutend oder unbedeutend – aufkommen und sich entsprechend der Übung wieder entfernen und verschwinden. Wenn mehrere Gedanken aufkommen, lassen Sie dies zu und beobachten Sie, wie sie sich intensivieren und wieder verschwinden.

Detached-Mindfulness-Übungen

Detached Mindfulness ist ein Konzept, das aus der metakognitiven Therapie kommt. Es geht hier darum, zu üben, aus der Beobachterperspektive das eigene Denken zu beobachten und dabei die Besonderheiten wahrzunehmen, die das Denken hat.

■ *Tiger-Übung*

Schließen Sie Ihre Augen und stellen Sie sich einen Tiger vor. Versuchen Sie nicht, die Vorstellung zu beeinflussen oder in irgendeiner Weise zu verändern. Beobachten Sie lediglich das Bild und das Verhalten des Tigers. Der Tiger kann sich bewegen, aber tun Sie nichts, damit er sich bewegt. Er kann blinzeln, aber tun Sie nichts, damit er blinzelt. Der Tiger kann mit seinem Schwanz wedeln, aber tun Sie nichts, damit er das tut. Beobachten Sie das Verhalten des Tigers. Tun Sie nichts, beobachten Sie nur das Bild.

Erläuterung: Visuelles Vorstellungsvermögen ist ein wichtiges Instrument in der Werkzeugkiste des Gehirns. Es hat seine eigenen Gesetzmäßigkeiten. Wenn Sie ihm den Auftrag geben, sich einen Tiger vorzustellen, dann entwickelt dieser Tiger ein eigenständiges Verhalten, das Sie nur beschränkt vorhersagen oder beeinflussen können. Das ist die Erfahrung, die man typischerweise bei dieser Übung macht: Einmal liegt der Tiger faul im Grass, einmal faucht er und rennt auf einen zu (und viele weitere Beispiele). Die Tiger-Übung ist deshalb eine hervorragende Gelegenheit zu beobachten, dass Denkprozesse Eigengesetzlichkeiten haben und getrennt von Ihrem Selbst sind. Übertragen auf den Umgang mit depressionstypischen Denkprozessen bedeutet das: Beobachten Sie depressive Gedanken, so wie Sie den Tiger in der Tigerübung beobachten. Depressive Gedanken sind Ereignisse im Kopf, die unabhängig vom eigenen Selbst sind, ein eigenes Verhalten haben und unabhängig von der äußeren Welt sind.

■ *Bahnhofsübung*

Stellen Sie sich vor, Sie stehen auf einem großen, belebten Bahnhof und warten auf Ihren Zug. Sie sehen die Anzeigetafeln mit den verschiedenen Zielorten der Züge. Die Züge halten an verschiedenen Bahnsteigen und fahren wieder ab. Manche Züge fahren auch einfach durch. Würden Sie einen vorbeifahrenden Zug anhalten oder in ihn einsteigen? Würden Sie in einen Zug steigen, der an einen Ort fährt, an den Sie heute gar nicht hinfahren möchten?

Erläuterung: Das menschliche Denken hat viele Ähnlichkeiten mit einem Bahnhof. Es gibt viele parallele Prozesse. Es gibt Prozesse, die automatisch ablaufen und die man am besten nicht beeinflusst (durchfahrende Züge). Das Gehirn macht auch Angebote, die man besser nicht annimmt (z. B. über eine gegenwärtig nicht beantwortbare Frage nachdenken). Das würde einem Zug entsprechen, der an einen Ort hinfährt, den man im Moment nicht besuchen möchte. Bezogen auf Depression macht diese Übung erfahrbar, dass es möglich ist, in der Beobachterrolle zu bleiben und nicht auf jedes Angebot anzuspringen. Bei Denkprozessen bedeutet das, auszuwählen, worauf man seine Aufmerksamkeit lenken und worüber man nachdenken möchte.

■ *Schachbrettübung*
Stellen Sie sich vor, Ihr Seelenleben entspricht einem Schachspiel. Es gibt ein Schachbrett, weiße Figuren und schwarze Figuren. Die schwarzen und weißen Figuren kämpfen miteinander. Fragen Sie sich: Was macht in diesem Spiel mein Selbst aus, was bin »Ich« in diesem Spiel? ■

Erläuterung: Denkprozesse geraten häufig miteinander in Konflikt, ähnlich wie die Schachfiguren. Man wünscht sich beispielsweise optimistisch zu sein und hat gleichzeitig den Kopf voller trauriger Gedanken. Bei der Schachbrettübung ist man dann versucht zu sagen: Ich bin die weißen Figuren und kämpfe die schwarzen nieder. Tatsächlich entspricht das menschliche Seelenleben mehr dem Schachbrett. Es ist der Schauplatz von Gedanken und Emotionen, ähnlich wie das Schachbrett der Ort ist, auf dem eine Vielzahl von unterschiedlichen Spielen stattfinden, die jedes Mal anders sind und unterschiedliche Gewinner haben. Das Schachbrett ist Zeuge dieser Ereignisse und bleibt dabei selbst völlig unverändert.

Übung von metakognitiven Fertigkeiten in der Psychotherapie von Depression

Sie können Ihre metakognitiven Fertigkeiten mithilfe der Übungen in diesem Kapitel trainieren. In einer Vielzahl von Psychotherapiemethoden sind Techniken, die metakognitive Fertigkeiten üben, expliziter Bestandteil: Metakognitive Therapie (MCT), Achtsamkeitsbasierte Kognitive Therapie (MBCT), Dialektisch-Behaviorale Therapie (DBT). Eine weitere wichtige Hilfe sind Achtsamkeits- oder Meditationskurse, wie sie von Volkshochschulen und anderen Trägern angeboten werden.

Metakognitive Fertigkeiten üben ist nicht unbedingt ein Sonntagsspaziergang, der zu Entspannung führt. Das Einnehmen einer Beobachterposition gegenüber eigenen Gedanken und Emotionen, ohne etwas Gegensteuerndes zu tun, kann zeitweilig auch eine sehr unangenehme oder beängstigende Erfahrung sein. »Nichts-Tun«, »Nicht-Reagieren« oder »Verzicht auf konzeptuelle Bearbeitung« ist für viele Menschen eine besonders schwere Aufgabe, da hierfür andere automatische Reaktionen inhibiert werden müssen. Das kann ähnlich sein wie sich nicht zu kratzen, nachdem man von einer Mücke gestochen wurde.

■ *Beispiel der Erfahrungen von Peter aus seiner Therapie mit dem Üben der Achtsamkeit*

Bei einem zweiten Aufenthalt in einer psychosomatischen Klinik nimmt Peter an einer Achtsamkeitsgruppe teil. Peter ist zuerst sehr skeptisch. Er bringt Achtsamkeit mit fernöstlicher Weisheit und Esoterik in Verbindung. Dinge, die ihm eher fernliegen. In der ersten Stunde macht Peter Bekanntschaft mit der Atemmeditation. Er stellt zunächst fest, dass die Übung gar nicht einfach ist. Er verzählt sich ständig oder ist plötzlich mit seinen Gedanken ganz woanders. Die Leiterin der Gruppe hört sich diese Erfahrungen an und erklärt, dass es sich um ganz normale Ereignisse zu Beginn eines Lernprozesses handelt. Peter gelingt es langsam besser, die Übung durchzuführen. Es ergibt sich dann aber, dass sich plötzlich während der Atemmeditation Erinnerungen aufdrängen, die er lange weggeschoben hatte, beispielsweise der Moment, in dem er mit dem Rettungswagen in der Notaufnahme der Universitätsklinik ankam, er plötzlich heftige Schmerzen hatte und ihm bewusst wurde, dass er in Lebensgefahr war. Die Psychotherapeutin bestätigt, dass dies eine sehr unangenehme Erinnerung ist, gleichzeitig erklärt sie, dass es ein Zeichen von Fortschritt ist, dass Peter offensichtlich lernt, in der Beobachterrolle zu bleiben, dass er lernt, Erinnerungen vorbeiziehen zu lassen, ohne sie zu stoppen, aber auch ohne sich damit auseinanderzusetzen. Unangenehme innere Zustände kommen und gehen in ihrem eigenen Rhythmus. Diese Erfahrung ist für Peter dann doch sehr wichtig. Er stellt fest, dass es gar nicht notwendig ist, gegen unangenehme innere Zustände anzukämpfen. Seine bisherige Überzeugung, dass Grübeln etwas ist, das er nicht beeinflussen kann, verändert sich erheblich. Anstatt bei unangenehmen emotionalen Zuständen sofort über Ursachen nachzudenken, entdeckt er die Möglichkeit, nichts zu tun und den Emotionen die Gelegenheit zu geben, für sich selbst zu sorgen. ∎

Exposition

Exposition, also die Konfrontation mit Situationen, Gegebenheiten oder Gegenständen, ist ein wichtiges Behandlungsprinzip der modernen Psychotherapie. Sie ist der Schlüssel zu neuen Erfahrungen und neuem Verhalten. Schon sehr lange ist bekannt, dass Höhenangst dadurch besser wird, dass man auf einen Turm steigt, dort verweilt und beobachtet, was passiert.

Sogar Menschen, die eine ausgeprägte Angststörung haben, machen die Erfahrung, dass die Angst abnimmt, selbst dann, wenn sie sich innerlich dagegen wehren. Wie ist das zu erklären? Die traditionelle Erklärung ist Habituation. Der Körper gewöhnt sich an die Angstreaktion und schwächt sie ab, wenn tatsächlich nichts Gefährliches passiert. Die zweite Erklärung bezieht sich auf Metakognition. Wenn der Denkapparat eine Vorhersage macht, diese aber nicht eintritt, dann gewinnt fast immer die unmittelbare Erfahrung.

Exposition ist das Gegengewicht zu Vermeidung. Verhalten, das durch Angst, Scham oder Ekel blockiert ist, kann durch Exposition wieder in Gang gebracht werden. Exposition ist jedoch schwierig. Sie erfordert Bereitschaft, sich unangenehmen emotionalen Zuständen auszusetzen, Angst zu haben oder zu riskieren, sich zu blamieren. Scheuen Sie trotzdem nicht davor zurück, wenn Ihr Therapeut Ihnen vorschlägt, Expositionsübungen zu machen. Die Durchführung von Expositionsübungen ist ein Qualitätsmerkmal von Psychotherapie. Eine wichtige Variante von Exposition ist das entgegengesetzte Handeln, das im nächsten Abschnitt über Emotionen beschrieben wird.

Wissen über Emotionen erwerben

Emotionen haben großen Einfluss auf das Verhalten und wir haben schon in den vorherigen Abschnitten und Beispielen gesehen, dass ungenügende Fertigkeiten in der Emotionsregulation einen wesentlichen Beitrag zur Entstehung und Aufrechterhaltung von Depression leisten. Was können Sie tun, um Ihre eigene Emotionsregulation zu verbessern? Der erste Schritt ist: Erwerben Sie mehr Wissen über Emotionen. Das führt dann möglicherweise sehr schnell dazu, dass Sie Emotionen nicht mehr vermeiden, sondern gezielt mit ihnen umgehen. Je mehr Sie die Besonderheiten der einzelnen Emotionen kennen, umso differenzierter werden Sie sich verhalten können.

Was sind Emotionen?

Emotionen werden im Gehirn gemacht (Barrett, 2017). Dazu müssen drei Dinge zusammenkommen:
1. *Informationen aus der Umwelt*
2. *Informationen aus dem Körper*
3. *Verwendung eines handlungsorientierten Konzepts durch das Gehirn, das Wahrnehmung und Verhalten steuert*

Dass eine Emotion aktiv ist, können Sie aus folgenden Beobachtungen ablesen:
- Sie erleben die Emotion
- Ihr Gesichtsausdruck verändert sich
- Ihre Stimme verändert sich
- Ihr autonomes Nervensystem reagiert (z. B. Herzklopfen, Magenschmerzen)
- Sie zeigen ein von der Emotion vorgeschlagenes Verhalten

Auslöser

Jede Emotion hat typische Auslöser. Das Wissen über die Auslöser baut man auch in das Erkennen der Emotion ein. Wenn Sie nach einer Explosion sehen, dass jemand davonläuft, schließen Sie daraus, dass er Angst hat.

Körperliche Reaktionen

Jede Emotion hat unspezifische und spezifische körperliche Reaktionen. Man kann daraus die Stärke einer Emotion ablesen. Wenn ein Freund vor Angst zittert, gehen Sie vermutlich davon aus, dass er starke Angst hat. Viele körperliche Reaktionen sind unspezifisch und überlappen sich stark zwischen den verschiedenen Emotionen.

Wahrnehmungsfokus

Jede Emotion lenkt die Aufmerksamkeit in spezifischer Weise. Wenn man jemanden liebt oder sich über jemanden ärgert, dann fallen einem jeweils ganz andere Dinge an der jeweiligen Person auf.

Typische Gedanken

Emotionen sind mit charakteristischen Bewertungsprozessen verbunden. Wenn Sie Angst haben, denken Sie möglicherweise: »Nichts wie weg! Ganz schön gefährlich hier.« Das leitet dann auch über zum nächsten Punkt.

Emotionsgetriebenes Verhalten

Jede Emotion schlägt einem ein spezifisches Verhalten oder eine Gruppe von Verhaltensweisen vor. In der Regel, aber nicht immer, handelt es sich um wichtige, gute Vorschläge, die schnell umgesetzt werden können, und die beispielsweise der eigenen Sicherheit dienen. Emotionsgetriebenes Verhalten ist ein Vorschlag. Niemand ist gezwungen, diesem Vorschlag zu folgen.

Konzept

Hinter jeder Emotion steht ein Konzept. Beispielsweise geht es bei den Schutzemotionen darum, Gefahren in geeigneter Weise wahrzunehmen und ein Verhalten zu zeigen, das Risiken minimiert. Oder es geht bei Emotionen wie Freude und Liebe darum, Erfolg wahrzunehmen und durch geeignete Verhaltensweisen zu wiederholen oder zu intensivieren.

Entgegengesetztes Handeln

Manchmal steht das von der Emotion vorgeschlagene Verhalten im Widerspruch zu eigenen Zielen und Werten. Wenn Ihnen beispielsweise Angst vorschlägt zu fliehen, Sie aber gleichzeitig einem Freund helfen wollen, kann es sein, dass Sie sich entscheiden, entgegengesetzt zur Angst zu handeln. Entgegengesetzt handeln können ist eine wichtige Fertigkeit von Erwachsenen.

Entscheiden lernen, wann Handeln mit der Emotion oder entgegengesetztes Handeln günstiger ist

Das ist manchmal eine leichte oder naheliegende Entscheidung und manchmal richtig schwer. Es gibt hier kein einfaches Rezept. Sie können sich fragen: Entspricht das Handeln mit der Emotion meinen Werten und Zielen? Schützt mich die Emotion wirklich? Treibt sie mich in die richtige Richtung? Wie hoch ist das Risiko wirklich? Was ist wahrscheinlich, was unwahrscheinlich? Manchmal ist es gut, für sich allein zu entscheiden. Manchmal werden Sie den Rat von Freunden oder Experten brauchen, manchmal sogar mehrere Menschen fragen wollen, bevor Sie sich entscheiden.

Emotionsliste

In der folgenden Auflistung konzentrieren wir uns auf das Konzept hinter der jeweiligen Emotion, das emotionsgetriebene Verhalten und die Umstände, unter denen Sie sich überlegen müssen, ob entgegengesetztes Handeln eine gute Alternative ist.

Wut

Konzept: Wut ist eine Schutzemotion. Sie mobilisiert alle Kräfte für die Verteidigung gegen körperliche Aggression. Sie fördert Verhalten, das anderen zeigt, dass Sie sich gegen einen Angriff zur Wehr setzen können und werden.
Emotionsgetriebenes Verhalten: Beschimpfen, kritisieren, Gewalt androhen, Konsequenzen androhen, sich gewalttätig verhalten.
Entgegengesetzt Handeln: Möglicherweise sind die Ereignisse tatsächlich zufällig und nicht unter Kontrolle des Interaktionspartners oder nicht von ihm beabsichtigt. Er plant gar keinen Angriff und will Ihnen nicht absichtlich schaden. Unter diesen Umständen sind Verteidigung oder Gegenangriff nicht zielführend. Es ist dann eher hilfreich, sich demjenigen, dem die Wut galt, zuzuwenden und zu versuchen, die Situation zu klären, freundlich zu ihm zu sein und ihm etwas Gutes zu tun.

Ärger

Konzept: Ärger ist eine Schutzemotion. Sie lenkt die Aufmerksamkeit auf Regelverletzungen und bringt Sie zu Verhalten, das anderen zeigt, dass Sie die Regelverletzung gesehen haben und Sie nicht tolerieren werden, sie nicht einfach über sich ergehen lassen. Ärger mobilisiert Energie und hilft, Grenzen zu setzen und Regelverletzungen und Unrecht zu sanktionieren.

Emotionsgetriebenes Verhalten: Den Interaktionspartner auffordern, sein Verhalten zu korrigieren, ihn kritisieren, ermahnen, Sanktionen androhen, sich bei anderen beschweren, schimpfen.

Entgegengesetzt Handeln: Möglicherweise sind die Ereignisse zufällig und nicht unter Kontrolle des Interaktionspartners oder nicht von ihm beabsichtigt. Er hat keine Spielregeln verletzt oder wollte keine Spielregeln verletzen. Unter diesen Umständen sind Sanktionen oder Kritik nicht zielführend. Es ist dann eher hilfreich, sich demjenigen, dem der Ärger galt, zuzuwenden, freundlich zu ihm zu sein, ihm zu helfen oder ihm etwas Gutes zu tun.

Furcht

Konzept: Furcht ist eine Schutzemotion. Sie schützt vor Schädigung des Körpers durch definierte physikalische Einflüsse, z. B. Sturz aus großer Höhe, tiefes Wasser, Schusswaffen, gefährliche Tiere.

Emotionsgetriebenes Verhalten: Flucht und Vermeidung.

Entgegengesetzt Handeln: Entgegengesetzt Handeln zu Furcht ist eine wichtige Option, wenn eine Bewältigungsstrategie vorhanden ist, die die Gefahr begrenzt. Beispielsweise können Sie entgegengesetzt zu Furcht vor tiefem Wasser handeln, indem Sie schwimmen lernen und genau auswählen, an welchen Stellen es sicher ist, im Meer zu schwimmen. Ein weiterer Hinweis für die Notwendigkeit zu entgegengesetztem Handeln bei Furcht sind Situationen, in denen ein übergeordnetes Ziel bedeutsam ist. Wenn es darum geht, einen anderen Menschen vor dem Ertrinken zu retten, werden Sie vermutlich ein dosiertes Risiko auf sich nehmen. Als Fahrer eines Notarztwagens werden Sie schnell fahren, als Polizistin werden Sie an der Festnahme von gefährlichen Kriminellen mitwirken.

Angst

Konzept: Angst ist eine Schutzemotion, die vor schlecht definierten Gefahren schützt.

Emotionsgetriebenes Verhalten: Erhöhte Aufmerksamkeit für ein breites Spektrum von Gefahren. Erhöhte Bereitschaft zu fliehen, zu vermeiden oder sich totzustellen. Auf der gedanklichen Ebene treibt Angst Sorgenprozesse an und die Sorgen intensivieren die Angst.

Entgegengesetzt Handeln: Entgegengesetzt Handeln ist angezeigt, wenn tatsächlich keine konkrete Gefahr vorhanden ist oder die Wahrscheinlichkeit einer Schädigung sehr niedrig ist. Meistens geht es darum, werteorientiert zu handeln, obwohl Unsicherheit besteht, ob Anstrengungen wirklich belohnt werden. Wichtig ist, sich zu vergegenwärtigen, dass Sorgen keine Sicherheit herstellen können.

Scham

Konzept: Scham schützt vor Ausschluss aus Gruppen aufgrund der Verletzung sozialer Spielregeln und Normen. Eine weitere Funktion ist der Schutz der Intimsphäre.

Emotionsgetriebenes Verhalten: Erhöhte Aufmerksamkeit für soziale Normen. Sich entschuldigen, Verhalten korrigieren, Verhalten rechtfertigen, wenn Normverstöße passiert sind. Versuche, Verhalten oder Ereignisse geheim zu halten, wenn diese nicht korrigierbar sind. Sich verstecken, »im Boden versinken«.

Entgegengesetzt Handeln: Die wichtige Frage hier ist:

Habe ich tatsächlich gegen eine soziale Norm verstoßen? Soziale Normen sind in hohem Maße fließend und werden von verschiedenen Personen sehr unterschiedlich eingeschätzt. Häufig bezieht sich Scham auf Sachverhalte, für die eine Person gar nicht verantwortlich ist: körperliche oder psychische Erkrankung, Traumatisierung durch andere, Fehlverhalten von anderen Familienmitgliedern, Armut, körperliches Aussehen, sexuelle Orientierung. Entgegengesetzt handeln bedeutet dann, mit anderen in Kontakt bleiben und seinen Platz im Leben behaupten, obwohl man sich schämt.

Trauer

Konzept: Trauer hilft dabei, das Leben nach einem unwiederbringlichen Verlust neu zu organisieren. Sie führt dazu, dass das soziale Netzwerk um den Trauernden herum aktiv wird und die neu entstandene Lücke schließt. Der Verlust kann darin bestehen, dass eine wichtige Person stirbt, nicht mehr verfügbar ist, die Gesundheit nachhaltig beeinträchtigt ist, Status oder Vermögen verloren geht oder wichtige Ziele nicht mehr erreicht werden können.

Emotionsgetriebenes Verhalten: Sprechen über den Verlust, Trauerrituale, Beten, Rückzug aus Kontakt oder Einschränkung des Kontakts auf enge Vertraute, Einschränkung von Aktivitäten, Vermeidung von angenehmen Dingen.

Entgegengesetzt Handeln: Wichtige Fragen hier sind: Ist der Verlust tatsächlich endgültig? Ist der Verlust tatsächlich bedeutsam? Diese Fragen schützen davor, Trauer auf Situationen anzuwenden, in denen gar kein wesentlicher Verlust vorliegt. Ein häufiges Thema ist angemessene Dauer von Trauer. Auch wenn ein schwerwiegender Verlust vorliegt, hilft Trauer nur über eine begrenzte Zeit, das Leben neu zu organisieren und die Umgebung zu mobilisieren. Irgendwann ist es Zeit, aus dem Rückzug herauszukommen und trotz Trauer wieder am Leben teilzuhaben.

Schuld

Konzept: Schuld schützt vor Ausschluss aus Gruppen aufgrund der Verletzung ethischer Standards. Im Gegensatz zu Scham ist es jedoch nicht erforderlich, dass andere den Verstoß bemerkt haben.

Emotionsgetriebenes Verhalten: Erhöhte Aufmerksamkeit für ethische Normen. Sich entschuldigen, Verhalten korrigieren, entstandenen Schaden wieder gut machen, Verhalten rechtfertigen, Buße tun, Bestrafung akzeptieren. Versuche, Verhalten oder Ereignisse geheim zu halten. Sich verstecken.

Entgegengesetzt Handeln: Die wichtige Frage hier ist: Habe ich tatsächlich gegen eine ethische Norm verstoßen? Ist mein Verhalten tatsächlich die Ursache für den entstandenen Schaden? Entsteht der Zusammenhang nur durch rückblickende Betrachtung? Häufig bezieht sich Schuld auf Sachverhalte, für die eine Person nicht oder nur indirekt verantwortlich ist. Ein Beispiel ist, dass man hätte ahnen müssen, dass jemand ein bestimmtes Problemverhalten zeigt und dass man ihn hätte stoppen können. Entgegengesetztes Handeln bedeutet hier: In Kontakt bleiben, sich nicht rechtfertigen.

Eifersucht

Konzept: Eifersucht schützt vor Verlust von Partnern und sorgt für Gerechtigkeit in der Verteilung von Zuwendung von Liebe und materiellen Gütern in Partnerschaften und Familien.

Emotionsgetriebenes Verhalten: Die Zuwendung für den Partner intensivieren, ihn genau beobachten, insbesondere seine Interaktion mit anderen, ihm »nachspionieren«, auf faire

Verteilung von Zeit, Zuwendung und Geld achten, den Partner kritisieren.

Entgegengesetzt Handeln: Eifersucht hat das Potenzial, Partnerschaften zu beschädigen. Handeln mit Eifersucht ist nur Erfolg versprechend, wenn es konkrete Anhaltspunkte dafür gibt, dass die Beziehung oder die Gerechtigkeit der Verteilung bedroht ist. Bei Eifersucht aufgrund von vagen Überlegungen ist es klug, auf Überwachung und Kritik zu verzichten und die Zuwendung zum Partner zu intensivieren.

Misstrauen

Konzept: Misstrauen schützt vor Betrug, Diebstahl, materieller, emotionaler oder sexueller Ausbeutung. Misstrauen begünstigt die Kooperation mit Menschen, die sich in der Vergangenheit als zuverlässig, vertragstreu oder prosozial gezeigt haben und deren Verhalten gut einschätzbar ist.

Emotionsgetriebenes Verhalten: Kooperation mit Menschen verweigern, die nicht gut eingeschätzt werden können. Kooperation auf vertraute Personen beschränken.

Entgegengesetzt Handeln: Misstrauen hat das Potenzial, Kooperation in Situationen zu beschädigen, in denen Interaktion mit bisher unbekannten Personen notwendig ist. Traumatische Ereignisse können Misstrauen hervorrufen, das dann generalisiert und unspezifisch auf alle zwischenmenschlichen Situationen ausgedehnt wird. Dies gilt besonders, wenn ein Mensch aus dem engen, vertrauten Umfeld für die Traumatisierung verantwortlich ist. Entgegengesetztes Handeln bedeutet, in Situationen mit einem wahrscheinlich günstigen Ausgang einen Vertrauensvorschuss zu geben, sich freundlich und kooperativ zu zeigen.

Ekel

Konzept: Ekel schützt vor Infektionen, Intoxikationen und unerwünschten Genen. Ekel begünstigt den Verzehr von wohlschmeckenden, »sauberen« Nahrungsmitteln und Getränken. Er begünstigt Sauberkeit von Kleidung und Räumen. Er begünstigt die Beschränkung von Sexualität auf geeignete Partner.

Emotionsgetriebenes Verhalten: Vermeidung von essen, trinken, Hautkontakt mit problematischen Nahrungsmitteln, Getränken oder Objekten. Vermeidung von unerwünschtem sexuellem Kontakt. Luft anhalten, ausspucken, erbrechen, waschen, putzen, desinfizieren.

Entgegengesetzt Handeln: Im Gegensatz zu Furcht und Angst tritt bei Ekel nicht automatisch ein Gewöhnungsprozess ein. Veränderung funktioniert am besten über Differenzierungslernen. Ekel neigt dazu, zu generalisieren und sich auf Situationen zu übertragen, in denen er hinderlich ist. Um ihn abzuschwächen, ist entgegengesetztes Handeln erforderlich, das Differenzierungslernen fördert. Beispiele sind: Unbekannte Nahrungsmittel erstmals probieren oder bekannte Nahrungsmittel nach einer längeren Pause wieder essen, nachdem man krank war oder an einer Essstörung gelitten hat. Erneute Erfahrungen mit Sexualität machen, nachdem man unangenehme Erfahrungen gemacht hat. Hierbei ist es ratsam, vorsichtig vorzugehen und auf die Unterschiede zu achten.

Einsamkeit

Konzept: Die Emotion Einsamkeit schützt vor sozialer Isolation. Sie weist darauf hin, wie wichtig Kontakte und Einbindung in ein zwischenmenschliches Netzwerk sind.

Emotionsgetriebenes Verhalten: Kontakt suchen, andere

Menschen besuchen, anrufen, Nachrichten senden, schreiben, zu Veranstaltungen oder in Lokale gehen, soziale Netzwerke im Internet besuchen.

Entgegengesetzt Handeln: Das Gefühl von Einsamkeit kann eine Barriere für eigenständige Unternehmungen und Projekte sein. Menschen verzichten dann darauf, an einem fremden Ort eine Ausbildung zu machen, zu studieren oder zu arbeiten, obwohl dies für ihre Entwicklung ein wichtiger Schritt wäre. Entgegengesetzt Handeln bedeutet hier, gezielt Situationen aufzusuchen, in denen noch keine zwischenmenschlichen Bindungen bestehen. Umgekehrt kann die Angst vor Einsamkeit auch dazu beitragen, in Familien, Partnerschaften oder Freundschaften zu bleiben, die nicht funktionieren oder schädigend sind.

Kränkung

Konzept: Kränkung schützt vor Statusverlust. Sie weist darauf hin, dass es wichtig ist, respektvoll mit anderen umzugehen und sich mit Menschen zu umgeben, die die eigene Würde achten.

Emotionsgetriebenes Verhalten: Sich zurückziehen, Kontakt verweigern, häufig Tendenz zu Gegenangriff mit Beleidigung anderer.

Entgegengesetzt Handeln: Das Gefühl von Kränkung kann eine Barriere dafür sein, sich mit Feedback und Kritik auseinanderzusetzen. Wenn der eigene Status im Mittelpunkt der Aufmerksamkeit ist, können harmlose Verhaltensweisen anderer Menschen als Angriff auf den eigenen Status verstanden werden. Bei entgegengesetztem Handeln ist es wichtig, offen und freundlich mit Menschen zu kommunizieren, die Kritik üben.

Hoffnungslosigkeit

Konzept: Die Emotion Hoffnungslosigkeit schützt vor sinnlosen Anstrengungen und dem dadurch entstehenden Verlust von Energie und Zeit. Hoffnungslosigkeit hilft dabei, aussichtslose Projekte abzubrechen oder gar nicht erst zu beginnen.

Emotionsgetriebenes Verhalten: Nichts tun, Verhalten abbrechen, sozialer Rückzug.

Entgegengesetzt Handeln: Hoffnungslosigkeit kann eine Barriere sein für ein Verhalten, das erst lange geübt werden muss, bevor es erstmals erfolgreich angewendet werden kann, oder das aufgrund der niedrigen Rate von Erfolg oft durchgeführt werden muss, bevor es Erfolg hat. Traumatische Erfahrungen können die Schätzung von Erfolgswahrscheinlichkeiten verändern. Entgegengesetzt Handeln bedeutet hier, Projekte erneut anzugehen, obwohl sie in der Vergangenheit fehlgeschlagen sind. Entgegengesetztes Handeln funktioniert hier besser, wenn sichergestellt ist, dass das Verhalten so durchgeführt wird, dass es Erfolgsaussicht hat.

Liebe

Konzept: Die Emotion Liebe unterstützt die Entwicklung eines intimen sozialen Netzwerks durch Partnerschaft, Sexualität und Fortpflanzung.

Emotionsgetriebenes Verhalten: Annäherung an einen Partner, selbstlose Unterstützung von Partner, Kindern und anderen Angehörigen.

Entgegengesetzt Handeln: Liebe kann eine Barriere dagegen sein, eigene Rechte und Interessen in angemessener Weise zu schützen. Eine Liebesbeziehung zu einem Menschen, der gewalttätig ist, sich ausbeuterisch verhält, substanzabhängig ist oder nicht verfügbar ist, kann dazu verführen, sich aufzuopfern, ohne dass kurzfristig oder langfristig eine Gegenleistung erfolgt oder die Entwicklung eines intimen Netzwerks gefördert wird. Entgegengesetztes Handeln ist in diesem Fall Beendigung der Beziehung, Abstand halten, Verzicht auf Aufopferung für andere.

Freude

Konzept: Die Emotion Freude unterstützt die Wiederholung oder Fortsetzung von erfolgreichem Verhalten.

Emotionsgetriebenes Verhalten: Wiederholen des Verhaltens. Aufrechte Haltung, in die Luft springen. Laute Bekundung des Erfolgs.

Entgegengesetzt Handeln: Freude kann dazu führen, dass ein Verhalten wiederholt wird, das besser einmalig bleiben sollte: Problemverhalten, Risikoverhalten oder Verhalten, das möglicherweise anderen schadet. Beispiele sind Freude, die durch Substanzgebrauch oder Glücksspiel entsteht, Schadenfreude. Entgegengesetztes Handeln bedeutet hier, ein Verhalten nicht zu wiederholen, obwohl es in der Vergangenheit als lustvoll erlebt wurde.

Stolz

Konzept: Die Emotion Stolz unterstützt ebenfalls die Wiederholung oder Fortsetzung von erfolgreichem Verhalten. Während Freude auch durch zufällige Ereignisse oder die Anstrengungen anderer entstehen kann, muss es sich bei Stolz um eigene Verdienste handeln.

Emotionsgetriebenes Verhalten: Wiederholung des Verhaltens. Suche nach weiteren Verhaltensweisen, die geeignet sind, den eigenen Status zu erhöhen.

Entgegengesetzt Handeln: Auch Stolz kann dazu führen,

dass ein Verhalten wiederholt wird, das besser einmalig bleiben sollte: Problemverhalten, Risikoverhalten oder Verhalten, das möglicherweise anderen schadet. Stolz kann sich auch auf Ereignisse beziehen, die nicht wiederholbar sind, wie das Bestehen einer Abschlussprüfung. Stolz kann sich auch auf Dinge beziehen, die notwendigerweise vergänglich sind, wie jugendliche Schönheit, oder nur eine begrenzte Zeit aufrechtzuerhalten sind, wie Erfolge im Leistungssport. Entgegengesetztes Handeln bedeutet hier, Verhalten nicht zu wiederholen, obwohl es in der Vergangenheit durch einen Zugewinn an Status belohnt wurde.

Erfahrungen zum entgegengesetzten Handeln

■ *Beispiel zur Anwendung von entgegengesetztem Handeln, das Peter im Rahmen seiner Therapie erprobt hat*
Peter erlebt in der Zeit nach dem Herzinfarkt intensive Hoffnungslosigkeit. Es wird ihm klar, dass es keine Rückkehr mehr gibt zu dem Zustand, in dem er sich gesundheitlich unangreifbar gefühlt hat und er gedacht hat, sein Elan, der ihn beruflich vorangetrieben hat, sei unendlich verfügbar. Damit ist eine einfache Rückkehr zu seinem alten Leben ausgeschlossen, allen Botschaften seiner Ärzte, die ihn für fast gesund erklären, zum Trotz. Die Emotion sagt ihm: »Zieh dich nach Hause zurück, lass alle Anstrengungen sein, sie haben sowieso keinen Erfolg mehr!« Das prägt dann auch Peters Verhalten. Peters ambulanter Psychotherapeut redet mit ihm ausführlich über diese Situation. Er spricht mit ihm zunächst über den wahren Kern dieser Botschaft. Eine Rückkehr zum alten Zustand ist tatsächlich nicht möglich. Sie wäre zum Teil auch gar nicht wünschenswert, da Peter über viele Jahre Selbstfürsorge vernachlässigt hat, zu viel geraucht und sich zu wenig bewegt hat. Gleichzeitig treibt die Emotion Hoffnungslosigkeit Peter in eine ungünstige Richtung. Die Situation ist nicht

objektiv aussichtslos. Aktive Bewältigungsstrategien führen vermutlich zu einer besseren Lebensqualität für Peter als passive Strategien. Wieder eine angemessene Dosis Sport machen und regelmäßige Aktivitäten mit der Familie und Freunden sind günstiger als vor dem Fernseher sitzen oder unter Tags im Bett liegen. Der Therapeut erklärt Peter die Technik des entgegengesetzten Handelns. Es geht nicht darum, keine Hoffnungslosigkeit zu haben. Der Versuch, diese Emotion wegzuschieben oder gar durch Optimismus zu ersetzen, hätte möglicherweise einen paradoxen Effekt. Gleichzeitig ist es für Peter sehr wohl möglich, trotz seiner Hoffnungslosigkeit zu handeln und die Dinge zu tun, die für ihn wichtig und richtig sind. Für Peter ist es zunächst kontraintuitiv, Aktivität aufzubauen. Dass er Optimismus nicht erzwingen kann, deckt sich aber mit seiner Erfahrung. Freunde haben ihm immer wieder geraten: »Kopf hoch, du musst jetzt optimistisch in die Zukunft sehen!« Er hat das immer wieder erfolglos versucht. Aktiv werden, ohne optimistisch sein zu müssen, ist aus dieser Perspektive für ihn eine Entlastung. Peter sagt sich: »Ich teste das jetzt, ich gebe den Vorschlägen meines Therapeuten eine Chance.« Er hält etwa 80 Prozent der in der Therapiesitzung vereinbarten Aktivitäten ein. Nach einigen Monaten ist das Thema Hoffnungslosigkeit deutlich abgeschwächt. Peter beschäftigt sich stattdessen ganz konkret mit den Erfahrungen, die er aus seinen Aktivitäten zieht. Es gibt Dinge, die ihn unmittelbar freuen und ihm guttun, aber auch Aktivitäten, in denen sowohl angenehme wie schwierige Situationen entstehen. Zusammen mit seinem Therapeuten erarbeitet Peter aber Lösungen, die dazu führen, dass er seine Aktivitäten belohnender findet. ∎

Kommentar: Schwere körperliche Erkrankungen wie ein Herzinfarkt lösen häufig Hoffnungslosigkeit aus. Hierzu tragen sowohl psychologische Erfahrungen wie das Erleben von Lebensgefahr und Hilflosigkeit bei, aber auch psychobiologische

Faktoren wie die Aktivation des Stresshormonsystems oder des Entzündungssystems. Es ist ein wesentlicher Aspekt der Bewältigung von schweren Erkrankungen, wieder Aktivität aufzubauen, obwohl Signale in die andere Richtung weisen. Bessere Selbstfürsorge ist häufig wichtig, gleichzeitig ist ein generalisiertes Vermeidungsverhalten meistens ein Weg in eine depressive Erkrankung.

■ *Beispiel zur Anwendung von entgegengesetztem Handeln aus der Therapie von Laura*
Laura erlebt häufig intensive Scham. Seit ihrer Jugend ist das ein wichtiger Faktor, der ihr Verhalten beeinflusst. Ihre Therapeutin schlägt Laura vor, eine Liste von Verhalten zu erstellen, das deutlich durch Scham beeinflusst wird. Die Liste betrifft zentrale Punkte ihres Lebens: Laura vermeidet es, sich bei Seminaren zu melden und mitzudiskutieren oder Referate zu halten, sie vermeidet Lerngruppen im Studium, sie vermeidet, sich um »wirklich interessante« Praktikumsstellen zu bewerben, sie vermeidet, sich zu verabreden, wenn sie vermutet, dass der Mann psychisch gesund ist oder aus einer »intakten« Familie kommt (eine Entscheidung, die sie intuitiv trifft, da sie ja im Moment des Angebots einer Verabredung schwer zu überprüfen ist), sie vermeidet, mit anderen Sport zu machen oder schwimmen zu gehen. Als Laura die Liste niedergeschrieben sieht, sagt sie: »Oh je, das ist mehr und wichtiger, als ich dachte. Ich habe immer geglaubt, mit den Vermeidungsstrategien mache ich es mir einfacher und komme dann besser zurecht. Wenigstens habe ich nicht auf ein Studium verzichtet, das war auch ein Gedanke, den ich hatte.« Die Therapeutin schlägt vor, die Liste nach Schwierigkeit zu sortieren, um einen Ausgangspunkt für Experimente mit entgegengesetztem Handeln zu finden. Aus Lauras Perspektive ist nichts wirklich leicht. Sie entscheidet sich dafür, ein zusätzliches Referat zu halten, weil das etwas ist, was zu einer besseren Note in einem wich-

tigen Kurs führen kann. Laura und die Therapeutin besprechen das Experiment intensiv vor. Wichtig sind: 1) Gute Vorbereitung des Referats. Nur dann gilt das Experiment, d. h. es ist nicht egal, ob das Referat den Erwartungen des Dozenten und der Kollegen entspricht. Laura muss sich darauf einstellen, dass Scham besonders hoch sein wird. Intensive Scham ist bei der Übung ein wichtiger Hinweis dafür, dass das Verhaltensexperiment gut durchgeführt wird. 2) Verzicht auf Sicherheitsverhalten: z. B. ihr Publikum ansehen, keine Entschuldigungen oder Rechtfertigungen zu Beginn des Referats, bei Fragen oder bei Diskussion. Am Tag des Referats überlegt Laura zunächst, ob sie überhaupt aufstehen soll. Dann läuft dank der guten Vorbereitung aus der Sicht Lauras »alles wie von selbst, wie wenn die Achterbahn losgefahren ist und man weiß, man kann nicht mehr aussteigen«. Laura bekommt nach dem Referat sehr gute Rückmeldungen. Ein Kollege sagt zu Laura beim Hinausgehen: »Mensch Laura, so kenne ich dich gar nicht, das war richtig toll!« Folgende Punkte aus der Nachbesprechung mit der Psychotherapeutin sind besonders wichtig. Laura sagt: »Schon bei der Vorbereitung war ein Perspektivwechsel da. Ich habe mich gefragt, was wird eigentlich von mir erwartet, anstatt nachzudenken, wie vermeide ich, dass schlecht über mich geredet wird. Das macht einen ganz anderen Fokus.« Sie berichtet weiter: »Ich habe während des Referats immer wieder bemerkt, dass ich in Sicherheitsverhalten rutsche, z.B. nur auf den Laptop schaue anstatt in die Runde, oder an meinen Haaren herumzupfe. Ich habe mich dann sofort gestoppt, sodass ich insgesamt nur wenig Sicherheitsverhalten gezeigt habe.« Lauras Fazit: »Scham war zuerst total intensiv, es gelang mir aber, das zu beobachten, anstatt dagegen anzukämpfen. Am Ende war ich dann sehr angestrengt, aber auch total stolz.« In der Woche darauf sagt Laura spontan ja, als ein Kollege sie einlädt, sich an einer Lerngruppe zu beteiligen. Erst mit Verzögerung fällt ihr auf, dass sie sich anders verhalten hat als sonst. ■

Kommentar: Entgegengesetzt handeln ist ein schwieriger, anstrengender, manchmal sehr schmerzlicher Prozess. Gute Vorbereitung und Unterstützung erhöht die Wahrscheinlichkeit von Erfolg sehr stark. Einsicht allein (»Ich verstehe, ich brauche mich nicht zu schämen«) wäre in der beschriebenen Situation völlig unzureichend. Wenn Menschen mit der Technik »entgegengesetztes Handeln« gute Erfahrungen machen, wird hieraus häufig ein Selbstläufer. Manche Patienten sagen: »Das war das Wichtigste, was ich in der Therapie gelernt habe.«

Antidepressive Medikamente einnehmen

Antidepressive Medikamente sind seit 1956 verfügbar. Sie markieren einen großen Fortschritt in der medizinischen Versorgung von Menschen mit psychischen Erkrankungen, denn sie sind eine wesentliche Ursache dafür, dass auch schwerste psychische Erkrankungen heute ambulant behandelt werden können oder nur kurze Aufenthalte in psychiatrischen Kliniken erforderlich sind.

Nach über 60 Jahren Erfahrung ist natürlich auch Ernüchterung und eine Präzisierung des Wissens eingetreten.

Die ernüchternde Einsicht ist: Antidepressive Substanzen haben im Mittel nur kleine Effektstärken. Nur einer von vier Patienten profitiert in erheblichem Umfang.

Die wichtigste Präzisierung ist: Antidepressive Substanzen haben die größten Effekte bei schwerer oder sehr schwerer Depression. Patienten mit leicht ausgeprägter oder mittelschwerer Depression, d. h. die größte Gruppe der Menschen mit Depression, profitieren nur wenig.

Weitere Präzisierungen: Antidepressive Substanzen haben nur eine begrenzte Nachhaltigkeit. Nach dem Absetzen ist das Risiko für eine erneute depressive Episode nur wenig verändert. Antidepressiva wirken nur sehr eingeschränkt bei chronischer Depression. Wenn eine depressive Episode länger als zwei Jahre dauert, hilft eine antidepressive Medikation allein nur bei etwa einem von neun Patienten.

Antidepressive Medikation wurde seit ihrer Verfügbarkeit über lange Zeit sehr zurückhaltend eingesetzt. Mittlerweile ist das ins Gegenteil umgeschlagen. Etwa 9 Prozent aller Erwachsenen in Deutschland nehmen jeden Tag ein Antidepressivum. Das ist mehr, als sich aus einer leitliniengerechten Therapie ableiten lässt. Die Zahl der Neuverschreibungen ist dabei kaum gestiegen. Vermutlich nehmen mehr Menschen antidepressive Medikamente dauerhaft ein, länger als unbedingt erforderlich ist. Das weist auf eine wesentliche Wissenslücke im Umgang mit Antidepressiva hin. Es gibt einerseits gute Evidenz dafür, dass eine zu kurze Einnahme von Antidepressiva problematisch ist. Wenn ein Patient mit schwerer Depression unter der Einnahme eines Antidepressivums innerhalb von zwei Monaten ein völliges Verschwinden seiner Symptome erlebt und dann die Medikation sofort absetzt, besteht eine Wahrscheinlichkeit von mehr als 50 Prozent, dass seine Symptome zurückkehren. Andererseits ist dies nach 8 bis 12 Monaten erheblich weniger wahrscheinlich. Was optimale Zeiträume für die Einnahme von antidepressiven Medikamenten sind, wurde leider nie systematisch untersucht. Ein hierfür wichtiges Phänomen sind Absetzeffekte. Dazu gehören in den Tagen nach der Beendigung der Medikation auftretende und über Wochen anhaltende Kreislaufbeschwerden, Schwindel, unangenehme Körperwahrnehmung (ähnlich wie elektrische Schläge), Probleme bei Bewegungen, Schlafstörungen, Müdigkeit, Stimmungsschwankungen, sexuelle Probleme. Mindestens 20 Prozent der Patienten, die antidepressive Medikamente über einen längeren Zeitraum eingenommen haben, sind betroffen. Die Absetzeffekte sind ungefährlich, können aber leicht mit einer Wiederkehr der Depression verwechselt werden, was dazu führen kann, dass die Medikamente unnötigerweise weiter genommen werden.

Indikation für antidepressive Medikation

Depression ist eine Erkrankung mit einem zunächst sehr günstigen spontanen Verlauf. Bei einer erstmals aufgetretenen depressiven Episode ohne Suizidalität ist es deshalb eine wichtige Option, zunächst gar nichts zu tun und den Verlauf abzuwarten. Wenn die Symptomatik nach vier bis acht Wochen immer noch besteht, ist es jedoch Zeit, zusammen mit einem Arzt oder Psychologen über Therapie nachzudenken.

Wenn Sie eine mittelschwere oder schwere depressive Erkrankung haben, dann sollten Sie mit Ihrem Psychiater oder Hausarzt darüber sprechen, ob die Einnahme eines Antidepressivums sinnvoll ist. Die deutschen und viele internationale Leitlinien befürworten den Einsatz von antidepressiven Substanzen in diesem Fall als eine Behandlung erster Wahl. Entscheidend ist, dass die Einschätzung des Schweregrades fachgerecht erfolgt. Sie brauchen hier die Unterstützung einer Fachfrau oder eines Fachmannes, da die subjektive Einschätzung hier sowohl zu Unterschätzung wie Überschätzung des Schweregrades führen kann.

Verfügbare antidepressive Substanzen

In Deutschland sind etwa 20 antidepressive Substanzen zugelassen[17]

Substanz	Substanzklasse	Minimal effektive Dosis
Agomelatin	Melatonin Analogon	25 mg/Tag
Amitriptylin	Trizyklisches Antidepressivum	75 mg/Tag
Bupropion	Selektiver Noradrenalin- und Dopamin-Wiederaufnahmehemmer	
Citalopram	Selektiver Serotonin-Wiederaufnahmehemmer	20 mg/Tag
Clomipramin	Trizyklisches Antidepressivum	75 mg/Tag
Doxepin	Trizyklisches Antidepressivum	75 mg/Tag
Duloxetin	Serotonin-Noradrenalin-Wiederaufnahmehemmer	60 mg/Tag
Escitalopram	Selektiver Serotonin-Wiederaufnahmehemmer	10 mg/Tag
Fluoxetin	Serotonin-Wiederaufnahmehemmer	20 mg/Tag
Fluvoxamin	Serotonin-Wiederaufnahmehemmer	50 mg/Tag
Imipramin	Trizyklisches Antidepressivum	75 mg/Tag
Johanniskraut	Phytopharmakon mit Hyperforin und Hypericin sowie einer großen Zahl weiterer Inhaltsstoffe, Wiederaufnahmehemmung von Noradrenalin, Serotonin und Dopamin	200 bis 900 mg/Tag
Maprotilin	Tetrazyklisches Antidepressivum	75 mg/Tag
Milnacipram	Serotonin-Noradrenalin-Wiederaufnahmehemmer	40 mg/Tag
Mirtazapin	Noradrenerg und spezifisch serotonerge Antidepressiva	30 mg/Tag

---
17 Die Aufzählung hat keinen Anspruch auf Vollständigkeit und stellt keine Bewertung dar.

Substanz	Substanzklasse	Minimal effektive Dosis
Moclobemid	MAO-Hemmer	300 mg/Tag
Nortriptylin	Trizyklisches Antidepressivum	75 mg/Tag
Opipramol	Trizyklisches Antidepressivum	75 mg/Tag
Paroxetin	Selektiver Serotonin-Wiederaufnahmehemmer	20 mg/Tag
Sertralin	Selektiver Serotonin-Wiederaufnahmehemmer	50 mg/Tag
Tranylcypromin	irreversibler MAO-Hemmer	10 mg/Tag
Trimipramin	Trizyklisches Antidepressivum	75 mg/Tag
Venlafaxin	Serotonin-Noradrenalin-Wiederaufnahmehemmer	50 mg/Tag

Erläuterungen zu den Arzneimittelgruppen

Trizyklische Antidepressiva (TCA)

Diese Arzneimittelgruppe verdankt ihren Namen dem charakteristischen Strukturfragment mit drei Ringen. Die Stärke der TCA liegt darin, dass sie die Symptome typischer Depression – Einschlafstörung und Appetitlosigkeit – besonders rasch bessern. Sie haben auch eine wichtige Rolle in der Schmerztherapie. Nebenwirkungen, die bei dieser Substanzgruppe im Vordergrund stehen, sind Sedierung, Mundtrockenheit, Obstipation[18], Akkommodationsstörung[19], Harnverhalt und mögliche ungünstige Effekte auf die Reizleitung im Herzen. Trizyklische Substanzen sind bei Überdosierung besonders gefährlich.

---

18 Verstopfung

19 Störung der Anpassung des Auges an den Nah- und Fernbereich. Fällt beispielsweise bei Bildschirmarbeit besonders auf.

Selektive Serotonin-Wiederaufnahmehemmer (SSRI)

Diese Arzneimittelgruppe hat ihren Namen von dem spezifischen Effekt auf die Wiederaufnahme von Serotonin[20] im Gehirn mit einer daraus folgenden erhöhten Konzentration von Serotonin. Die Stärke der SSRI liegt in dem antidepressiven Effekt ohne Sedierung und ohne häufige kardiovaskuläre Nebenwirkungen. Die wesentlichen Nebenwirkungen liegen im gastrointestinalen Bereich, da auch dort Serotonin eine wichtige Rolle hat: Appetitlosigkeit, Übelkeit, Erbrechen, Durchfall. SSRI haben bei Überdosierung eine eher niedrige Toxizität.

Selektiver Noradrenalin- und Dopamin-Wiederaufnahmehemmer (NDRI)

Diese Arzneimittelgruppe hat ihren Namen von dem spezifischen Effekt auf die Wiederaufnahme von Noradrenalin und Dopamin[21] im Gehirn mit einer daraus folgenden erhöhten Konzentration dieser Neurotransmitter. Die Stärke dieser Arzneimittelgruppe ist ein guter Effekt auf Erschöpfung und geringere Nebenwirkungen auf sexuelle Funktionen. Nebenwirkungen sind Schlaflosigkeit, Angst und Unruhe, Kopfschmerzen, Übelkeit, Erbrechen, Blutdrucksteigerung oder Schwindelgefühl.

Serotonin-Noradrenalin-Wiederaufnahmehemmer (SSNRI)

Diese Arzneimittelgruppe hat ihren Namen von dem spezifischen Effekt auf die Wiederaufnahme von Noradrenalin und Serotonin im Gehirn mit einer daraus folgenden erhöhten Konzentration dieser Neurotransmitter. Die Stärke der SSNRI

---

20 Serotonin ist einer der wichtigen Botenstoffe im Gehirn, aber auch in der Regulation des Darms durch das Nervensystem.

21 Dopamin und Noradrenalin sind ebenfalls wichtige Botenstoffe im Gehirn.

liegt in dem antidepressiven Effekt ohne Sedierung und häufige kardiovaskuläre Nebenwirkungen. Zusätzlich haben SSNRI ähnlich wie TCA auch einen günstigen Effekt auf Schmerzen. Die Nebenwirkungen sind ähnlich wie bei den SSRI. Bei SSNRI ist das Absetzsyndrom tendenziell stärker ausgeprägt als bei den SSRI.

Tetrazyklisches Antidepressivum

Diese Arzneimittelgruppe hat ihren Namen von dem charakteristischen Strukturfragment mit vier Ringen. Ansonsten gibt es eine große Ähnlichkeit mit TCA.

Phytopharmaka

Bei diesen Arzneimitteln handelt es sich um Extrakte aus Pflanzen aus der Familie der Johanniskrautgewächse (Hypericaceae). Es handelt sich um ein Phytopharmakon mit einem großen Anteil von nur unzureichend charakterisierten Substanzen. Die Stärke von Johanniskraut ist die geringe Ausprägung von Nebenwirkungen. Erwähnenswert ist ein erhöhtes Risiko von Lichtempfindlichkeit.

Noradrenerg und spezifisch serotonerge Antidepressiva (NaSSA)

Diese Arzneimittelgruppe hat ihren Namen von dem spezifischen Effekt auf Bindungsstellen der Neurotransmitter Noradrenalin und Serotonin im Gehirn mit einer daraus folgenden gesteigerten Wirkung dieser Neurotransmitter. Die Stärke der NaSSA liegt in dem antidepressiven Effekt ohne häufige kardiovaskuläre Nebenwirkungen. Mirtazapin, der wesentliche Repräsentant dieser Gruppe, hat eine besonders gute Wirkung in der Verbesserung des Schlafs.

MAO-Hemmer

Diese Arzneimittelgruppe hat ihren Namen von dem spezifischen Effekt auf die Monoaminooxidase im Gehirn mit einer daraus folgenden erhöhten Konzentration der Neurotransmitter Tryptamin, Serotonin, Noradrenalin, Dopamin, Melatonin, Phenethylamin und Histamin. Die Stärke des wesentlichen Vertreters dieser Gruppe (Tranylcypromin) ist, dass er bei einigen Patienten mit therapieresistenter Depression eine zusätzliche Behandlungsmöglichkeit bietet. Der wesentliche Nachteil ist die Notwendigkeit einer tyraminarmen Diät, um das Risiko von Blutdruckkrisen gering zu halten.

Melatonin Analoga

Aus dieser Arzneimittelgruppe ist nur Agomelatin erhältlich. Es wirkt agonistisch auf Melatonin-Rezeptoren und antagonistisch auf einen Untertypus der Serotonin-Rezeptoren. Die Stärke dieser Substanz ist die gute Schlafförderung bei sehr guter allgemeiner Verträglichkeit.

Allgemeine Nebenwirkungen von antidepressiver Medikation

Antidepressiva sind eine im Allgemeinen gut verträgliche Arzneimittelgruppe. Die große Mehrheit der Patienten erlebt die Behandlung als nebenwirkungsarm. Gleichzeitig ist die Verhinderung von Nebenwirkungen eine der zentralen Aufgaben der allgemeinärztlichen Betreuung während der Einnahme von Antidepressiva.

Nebenwirkungen, die alle Arzneimittelgruppen (jedoch mit deutlich unterschiedlicher Wahrscheinlichkeit bei den einzelnen Substanzen) betreffen können, sind:

- Sedierung
- Gewichtszunahme
- Anticholinerges Syndrom[22]
- Niedriger Blutdruck (Hypotension)
- Sexuelle Funktionsstörung
- Herzrhythmusstörungen
- Metabolisches Syndrom
- Verminderter Appetit
- Hyponatriämie
- Übelkeit, Erbrechen, Durchfall
- Kopfschmerzen
- Schlafstörungen
- Blutungen (insbesondere gastrointestinale Blutungen)
- Leberfunktionsstörung

Auswahl der Medikation

Da es kaum vergleichende Studien gibt, ist es nur sehr eingeschränkt möglich, Aussagen darüber zu machen, ob eine antidepressive Substanz im Allgemeinen wirksamer oder nebenwirkungsärmer ist als andere. Die einzelnen Substanzen unterscheiden sich auch stark in dem Ausmaß, in dem sie einer wissenschaftlichen Überprüfung unterzogen wurden. Jeder Psychiater oder Allgemeinarzt wird deshalb bestimmte Substanzen bevorzugen, weil er mit ihnen gute Erfahrungen gemacht hat oder die wissenschaftliche Grundlage als überzeugend bewertet. Die in Deutschland am häufigsten verschriebe-

---

22 Ein anticholinerges Syndrom entsteht, wenn Medikamente die Wirkung des Neurotransmitters Acetylcholin blockieren. Dadurch wird die dämpfende Wirkung des Parasympatikus, eines Teils des autonomen Nervensystems, reduziert. Mögliche Symptome sind: weite Pupillen, erhöhter Augendruck, Mundtrockenheit, Verstopfung, Herzrhythmusstörungen.

nen Substanzen sind Citalopram, Venlafaxin, Mirtazapin, Sertralin, Escitalopram und Amitriptylin. Zum Einstieg in eine Behandlung wird meist ein Serotonin-Wiederaufnahmehemmer gewählt. Eine Netzwerk-Meta-Analyse, d. h. eine Auswertungsmethode, die für fehlende Vergleiche kompensiert, nennt Escitalopram, Mirtazapin, Agomelatin und Bupropion als Substanzen, die ein besonders günstiges Verhältnis von Wirkung zu Nebenwirkung haben (Cipriani et al., 2018). Wichtig bei der Auswahl sind Überlegungen zu Nebenwirkungen: Wenn Schlafförderung gewünscht wird, kann die erste Wahl auf Mirtazapin oder ein besonders sedierendes TCA wie beispielsweise Doxepin oder Trimipramin fallen. Wenn Appetitsteigerung ein wesentliches Symptom der Depression ist, kann die erste Wahl auf einen SSRI mit besonders Appetit-dämpfender Wirkung wie beispielsweise Fluoxetin fallen. Sertralin hat einen besonders hohen Grad der Überprüfung bei Patienten mit schweren Herzerkrankungen. In der Schwangerschaft am besten erprobt sind die SSRI Citalopram und Sertralin und die TCA Amitriptylin, Imipramin und Nortriptylin.

Wirkmechanismen von Antidepressiva

Für den Patienten mit einer Depression ist es wichtig, sich klarzumachen, dass antidepressive Substanzen nicht einfach »Stimmungsaufheller« sind. Sie haben in der Regel keine unmittelbare Wirkung auf Stimmung und Befinden. Es ist auch nicht so, dass sie ein »genetisch bedingtes Defizit« in der Konzentration von Neurotransmittern auffüllen. Wie antidepressive Substanzen wirken, ist noch nicht endgültig aufgeklärt. Einige Wissenschaftler glauben, dass Antidepressiva über die Stärkung neuronaler Netzwerke, die als Neurotransmitter Serotonin, Noradrenalin oder Dopamin verwenden, funktionieren. Eine weitere wichtige Annahme ist, dass Antidepressiva die Aktivität des Stresshormonsystems normalisieren und dadurch einen Ausstieg aus dem Teufelskreis der Depression ermöglichen. Andere glauben, dass die gemeinsame Endstrecke der Wirkung eine Steigerung der Neurogenese im Hippocampus ist, die zu einer verbesserten Möglichkeit zu kontextuellem Lernen führt. Das bedeutet, dass es besser möglich wird, das eigene Verhalten auf die Erfordernisse der gegenwärtigen Situation einzustellen. Ein zentraler psychologischer Mechanismus der Wirkung von Antidepressiva ist die Überwindung von erworbener Hilflosigkeit. Das Konzept der erworbenen Hilflosigkeit beschreibt den Zustand von Rückzug und Inaktivität, der eintritt, wenn wiederholte Versuche, eine Situation zu bewältigen, scheitern. Antidepressiva ermöglichen dann möglicherweise, das Problem »neu« anzugehen.

Warum ist das so wichtig? Wenn Sie sich zu einer Behandlung mit einer antidepressiven Substanz entschließen, müssen Sie wissen, dass die Verbesserung der Stimmung möglicherweise erst am Ende einer Kette von anderen Veränderungen steht. Möglicherweise werden Sie zuerst etwas besser schlafen, wieder etwas aktiver werden, neugieriger werden und sich leichter tun, mit neuen Umständen zurechtzukommen. Dann werden Sie erste Erfolge ihrer Aktivitäten bemerken und dann vielleicht anfangen sich besser zu fühlen.

Zeitlicher Ablauf einer Behandlung mit einer antidepressiven Substanz

Die einzelnen Substanzen unterscheiden sich darin, ob eine Eindosierung, also eine schrittweise Erhöhung der Dosis, erforderlich ist oder nicht. Auch gibt es hier individuelle Unterschiede. Nach dem Erreichen der minimal effektiven Dosis sollten Sie einen Zeitraum von vier bis sechs Wochen, möglicherweise auch länger, abwarten, bevor eine Entscheidung darüber getroffen werden kann, ob ein Behandlungsversuch Erfolg versprechend ist oder nicht. Bei einer erfolgreichen Behandlung zeigen sich meistens innerhalb der ersten beiden Behandlungswochen erste Verbesserungen von Symptomen, aber typischerweise noch keine globale Verbesserung der Stimmung. Wenn Sie und Ihr Arzt die Behandlung als hilfreich einschätzen, sollte sie mindestens sechs bis zwölf Monate fortgesetzt werden und dann über die Fortsetzung entschieden werden. Bei isolierten depressiven Episoden sollte die Behandlung dann beendet werden. Bei häufigen, zeitlich eng aufeinanderfolgenden Episoden oder einem chronischen Verlauf kann auch eine längere Behandlung erwogen werden.

Ärztliche Überwachung vor und während der Therapie mit einer antidepressiven Substanz

Ihr Psychiater oder Hausarzt wird Sie vor einer Verordnung eines Antidepressivums körperlich untersuchen, ein EKG schreiben und Blutuntersuchungen veranlassen. Er wird sicherstellen, dass alle körperlichen Erkrankungen, die Sie haben, ausreichend diagnostiziert und behandelt sind. Er wird Ihre körperlichen Erkrankungen bei der Auswahl und Dosierung der Medikation berücksichtigen. Er wird festlegen, in welchen Intervallen erneute Untersuchungen zur Überwachung der Therapie erforderlich sind. In ausgewählten Fällen ist die Bestimmung der Konzentration des Medikaments im Blut hilfreich, um die Behandlung genauer steuern zu können.

Was tun, wenn eine antidepressive Behandlung unwirksam bleibt?

Dies ist ein häufiges Ereignis und sollte Sie deshalb nicht entmutigen. Leider gibt es nur wenige Studien, die das Vorgehen

nach einer ersten, nicht erfolgreichen pharmakotherapeutischen Behandlung genau untersuchen. Ihr Psychiater kann Sie trotzdem hier gut beraten. Die beiden wesentlichen Möglichkeiten sind:
1. Wechsel zu einer anderen Substanzklasse, beispielsweise Wechsel von einem SSRI zu einem TCA.
2. Augmentationsbehandlung. Dies ist eine in Deutschland eher zu wenig genutzte Option. Hierbei wird zu der ursprünglichen Medikation eine weitere Substanz hinzugefügt. Am häufigsten verwendet werden hierzu: Lithium (ein Leichtmetall), Trijodothyronin (ein Schilddrüsenhormon) oder verschiedene Neuroleptika.

Therapieresistente Depression

Wenn sowohl Psychotherapie wie der Versuch einer Behandlung mit verschiedenen Substanzklassen in ausreichender Dosis und Dauer erfolglos bleiben, spricht man von einer therapieresistenten Depression. Auch dies ist keine aussichtslose Situation. Die Behandlung sollte dann aber in die Hände eines spezialisierten, häufig universitären Zentrums übergehen. Hier stehen noch weitere Behandlungsmethoden zur Verfügung, deren genauere Erläuterung aber den Rahmen dieses Buches sprengt.

Physikalische Stimulation

Auch physikalische Stimulation wird in der Behandlung von depressiven Störungen eingesetzt. Sie ist nicht Bestandteil der Routinebehandlung, hat aber eine wichtige Rolle in der Behandlung schwerkranker Patienten, bei denen andere Möglichkeiten versagen. Die wichtigste Behandlungsmethode ist hier die elektrokonvulsive Therapie (EKT). Hierbei wird unter Vollnarkose das Gehirn für eine Dauer von bis zu mehreren Sekunden mit Gleichstrom mit einer Spannung von 70 bis 120 Volt stimuliert. Etwa 50 Prozent der Patienten mit einer schweren Depression profitieren zumindest kurzfristig von dieser Behandlung. Die Wirkmechanismen sind strittig. Diskutiert werden verschiedene neurophysiologische und neurochemische Mechanismen, Veränderungen der Blut-Hirn-Schranke und ähnlich wie bei den Antidepressiva eine Zunahme der Neurogenese im Hippocampus. EKT hat ein schlechtes Image aus Zeiten, in denen in der Psychiatrie die heute gültigen Prinzipien der partizipativen Entscheidungsfindung – also der gemeinsamen Entscheidungsfindung von Arzt und Patient – nicht eingehalten wurden. Auch Filme wie »Einer flog über das Kuckucksnest« haben dazu beigetragen, die Behandlung als inhuman erscheinen zu lassen. Das Hauptproblem mit EKT liegt tatsächlich an anderer Stelle. Die Behandlungsmethode ist sehr aufwendig. Es ist jedes Mal eine Vollnarkose erforderlich. Die Behandlung kann deshalb nur in sehr wenigen, ausgewählten Fällen in der Akutbehandlung und der Weiterbehandlung eingesetzt werden. Eine weitere Behandlungsmethode, die mit einem viel weniger intensiven physikalischen Stimuli arbeitet, ist die Transkranielle Magnetstimulation (TMS). Hier erfolgt eine kurzzeitige Stimulation durch starke Magnetfelder. TMS ist eine in der Wirksamkeit anerkannte Behandlungsmethode, die gut verträglich ist. Sie ist aber nicht überall verfügbar und spielt nur eine geringe Rolle in der Behandlung therapieresistenter Störungen.

Medikamente, Psychotherapie oder beides?

Psychotherapie und medikamentöse antidepressive Therapie haben über das gesamte Spektrum des Schweregrades depressiver Störungen bezüglich der akuten Linderung der Symptome eine ähnliche Wirksamkeit. Bei leichter bis mittelschwerer Depression empfehlen die Behandlungsleitlinien, zunächst nur eine der beiden Möglichkeiten zu wählen. Sie können die Entscheidung danach treffen, was Ihnen persönlich aussichtsreicher erscheint oder leichter für Sie verfügbar ist. Bei einer Episode von Depression mit schwerer Ausprägung oder bei chronischer Depression wird Ihr Psychiater vermutlich eine Kombination von Psychotherapie und Pharmakotherapie empfehlen. Bei schwerer Depression gibt es Hinweise dafür, dass sich die Effekte von Pharmakotherapie und Psychotherapie addieren. Bei mittelschwerer Depression gibt es keinen Hinweis dafür, sodass es sich anbietet, entweder das eine oder das andere zu tun. Bei leichter Depression würden wir hier eher zu Psychotherapie raten, da in diesem Bereich das Kosten-Nutzen-Verhältnis von Psychotherapie günstiger ist. Pharmakotherapie ist in Deutschland einfach verfügbar und erzeugt keinen großen Zeitaufwand. Psychotherapie ist zeitaufwendig. Sie müssen sich einen Therapeuten suchen, Wartezeit bewältigen und dann jede Woche hingehen. Der Vorteil von Psychotherapie ist die erheblich größere Nachhaltigkeit. Sie erlernen dabei Fertigkeiten, die Sie auch unabhängig von einer depressiven Erkrankung für sich nützlich anwenden können.

Medizinische Therapien überprüfen

Etwa die Hälfte der Menschen in Deutschland mit einer depressiven Erkrankung leiden gleichzeitig an einer ernsten körperlichen Erkrankung. Sie haben beispielsweise Diabetes, Bluthochdruck, eine Herzerkrankung, eine neurologische Erkrankung, eine Lungenerkrankung, eine Nierenerkrankung, eine Lebererkrankung, eine chronische entzündliche Erkrankung oder eine Tumorerkrankung. Sowohl die Erkrankung selbst wie ihre Behandlung kann Wechselwirkungen mit der depressiven Erkrankung haben. Es ist eine der wichtigen Fortschritte der Psychosomatik und Psychiatrie, dass hier sehr viele präzise Informationen vorliegen, die zu einer besseren Behandlung genutzt werden können.

Medikamentöse Therapien für häufige körperliche Erkrankungen können depressive Zustände auslösen. Im Kapitel »Depression aufgrund von chemischen Einflüssen« (siehe Seite 114) finden Sie Beispiele von Medikamenten, bei denen dieser Zusammenhang gut beschrieben ist. Setzen Sie aber auf keinen Fall ein Medikament abrupt ab. Sprechen Sie mit Ihrem Arzt über die hier notwendige Güterabwägung. Möglicherweise findet sich eine für Sie besser verträgliche Alternative.

■ *Doris, 40 Jahre, Überbehandlung*
Doris ist Verkäuferin in einem Warenhaus. Sie ist leichtgradig übergewichtig und leidet an einem metabolischen Syndrom mit Bluthochdruck, der seit vielen Jahren erfolgreich mit einem ACE-Hemmer behandelt wird. Sie freundet sich mit der neuen Kollegin Claudia an. Claudia ist sehr sportlich und zieht Doris mit ihrer Begeisterung für Sport mit. Die beiden Frauen gehen mehrfach in der Woche ins Fitnessstudio, machen Fahrradtouren und tauschen sich über gesunde Ernährung aus. Doris reduziert ihr Gewicht deutlich. Ab einem gewissen Punkt fühlt sie sich aber zunehmend schlechter. Sie schläft schlecht, hat große Mühe aus dem Haus zu kommen. Der Hausarzt vermutet eine Depression und schickt sie in eine psychosomatische Tagesklinik. Dort fällt der Stationsärztin der niedrige Blutdruck auf. Sie empfiehlt, mit dem ACE-Hemmer zu pausieren und zu überwachen, wie sich der Blutdruck entwickelt. Tatsächlich steigt der Blutdruck etwas an, bleibt aber im Normalbereich. Doris geht es überraschend schnell besser. ■

Kommentar: ACE-Hemmer gehören eigentlich nicht zu den Medikamenten mit einem hohen Depressionsrisiko. Da für

Bluthochdruck aber auch Verhaltensfaktoren eine wichtige Rolle spielen, ist Doris durch ihr Sport- und Ernährungsprogramm in eine Überbehandlung ihrer Hypertonie hineingeraten, was zu depressiven Symptomen führen kann. Solange Doris ihr Programm aufrechterhält, wird sie vermutlich keine Medikation für Bluthochdruck brauchen.

■ Alfons, 60 Jahre, Unterbehandlung

Alfons ist Polizeibeamter. Seit etwa einem Jahr bemerkt er eine zunehmende depressive Stimmung, er fühlt sich vor allem morgens immer wie erschlagen. Seine Frau Petra sagt: »So wie du schnarchst, kann dein Schlaf nicht gut sein!« Alfons sagt: »Ich habe noch nicht bemerkt, dass ich schnarche, das kann nicht so schlimm sein.« Petra kann Alfons letztlich doch überreden, zu einem HNO-Arzt zu gehen. Der empfiehlt eine Schlafuntersuchung. Dabei stellt sich heraus, dass Alfons an einer erheblichen Schlafapnoe leidet. Die Behandlung mit einer Schlafmaske mit positivem Atemwegsdruck empfindet Alfons zunächst als aufwendig und lästig. Nach einigen Wochen bemerkt er, dass er nachts viel besser entspannen kann und morgens erholt aufwacht. ■

Kommentar: Bei Alfons stand die depressive Episode mit einer nicht erkannten und nicht behandelten medizinischen Erkrankung in Zusammenhang. Ähnliche Zusammenhänge gelten auch für nicht behandelten Bluthochdruck, Diabetes, Asthma und vieles andere mehr.

■ Maria, 36 Jahre, Überbehandlung

Maria ist eine von Erwerbsunfähigkeitsrente lebende Krankenschwester. Sie leidet seit dem 21. Lebensjahr an einem Typ-I-Diabetes und wird mit Insulin behandelt. Maria war bei Erkrankungsbeginn in Ausbildung zur Gesundheits- und Krankenpflegerin und informierte sich genau über die möglichen

Auswirkungen eines Typ-I-Diabetes. Besonders erschreckend fand sie die Gefäßkomplikationen. Sie schwor sich, ihre Erkrankung optimal zu behandeln. Sie versuchte durch die Steuerung der Insulingaben ihre Blutzuckerwerte immer unter 100 mg/dl zu halten. Eine Zeit lang gelang ihr das gut. Dann stellten sich immer häufiger Unterzuckerungen und Essanfälle ein. Maria wurde immer verzweifelter, hatte Schlafstörungen, konnte nicht mehr arbeiten, wurde schließlich in Erwerbsunfähigkeitsrente geschickt. Vor allem hat Maria von früher Normalgewicht mit 60 kg bei einer Größe von 1,72 m immer mehr zugenommen. Als sie sich mit 36 Jahren erstmals in einer auf Essstörungen spezialisierten psychosomatischen Klinik vorstellt, wiegt sie 150 kg.

Kommentar: Maria hat ein hohes Ausmaß von Perfektionismus. Im Umgang mit der Therapie des Diabetes folgt sie der Regel, lieber ein bisschen mehr als zu wenig. Die dadurch zu hohe Insulinmenge führte zu Unterzuckerung und Heißhunger. Der Heißhunger zu Gewichtszunahme. Da die erfolgte Gewichtssteigerung Marias Lebensqualität und Gesundheit sehr stark beeinträchtigt, ist es klar, dass diese Regel einen paradoxen Effekt hatte. Es ist für Maria klüger, gelegentlich höhere Glukosewerte zulassen, als fortlaufend zuzunehmen. Depression ist hier eine Nebenwirkung einer medizinischen Überbehandlung, die unbedingt verändert werden muss.

Therapieangebote bei Depression – Verfahren und Methoden

Psychotherapie ist kein ganz einheitliches Arbeitsfeld. Als Patientin oder Patient werden Sie feststellen, dass sich Ihre Therapeutin oder Ihr Therapeut einem Verfahren zuordnet, am häufigsten der Verhaltenstherapie oder der Tiefenpsychologie (psychodynamische Psychotherapie). Bezüglich der zu erwartenden globalen Wirksamkeit der Therapie macht das vermutlich keinen wesentlichen Unterschied. Sie werden aber je nach Verfahren in der Therapie mit ganz unterschiedlichen Konzepten zu tun haben. Psychodynamische Psychotherapie hat einen Schwerpunkt auf unbewusste innere Konflikte und die Mechanismen, die die Wahrnehmung und Verarbeitung dieser Konflikte erschweren. Sie betont die Bedeutung von Einsicht für die Überwindung psychischer Störungen. Die Verhaltenstherapie interessiert sich für Ihr gegenwärtiges Verhalten, sowohl auf der unmittelbar beobachtbaren wie auf der gedanklichen und emotionalen Ebene. Sie betont den Erwerb von neuen psychologischen Fertigkeiten als wichtigen Weg, um psychische Störungen zu überwinden. Es gibt aber auch Gemeinsamkeiten. Beide Verfahren sind sich einig, dass die Entstehungsgeschichte psychischer Probleme, häufig angelegt in Erfahrungen aus Kindheit und Jugend, einen Ansatz für die Veränderung bieten kann. Die Ebene des Verfahrens beschreibt allgemeine Strategien, mit denen psychische Störungen bearbeitet werden. Eine Ebene darunter finden sich dann Methoden, die Psychotherapeuten verwenden können, um störungsspezifisch auf die Probleme von Menschen mit bestimmten Erkrankungen eingehen zu können. In den letzten Jahrzehnten ist dabei eine Reihe von Methoden entstanden, die spezifisch zur Behandlung von Depression entwickelt wurden. Wir möchten diese im Folgenden kurz vorstellen, damit Sie wissen, wo die Schwerpunkte liegen und was Sie erwarten können.

Kognitive Verhaltenstherapie (KVT)

Die kognitive Therapie wurde in den 1970ern von dem amerikanischen Psychiater Aaron Beck entwickelt. Sie basiert auf dem kognitiven Modell psychischer Störungen, das besagt, dass Gedanken, Emotionen und Verhalten eng miteinander verbunden sind und die Identifizierung und Veränderung von nicht hilfreichen Bewertungsprozessen zentrale Schritte in der Bewältigung von psychischen Störungen darstellen. Zur Veränderung können sowohl eine kritische Diskussion der Gedanken, Imaginationsübungen wie auch Verhaltensexperimente verwendet werden. Neue günstigere Bewertungen müssen dann in wichtigen aktuellen Alltagssituationen eingeübt werden. In Deutschland wird typischerweise von KVT gesprochen. KVT ist eine Behandlungsmethode, für die es besonders viel wissenschaftliche Evidenz gibt. Es liegen mehrere Behandlungsmanuale in deutscher Sprache vor, die auch für Laien lesbar sind (Hautzinger, 2013).

■ *Beispiel der Anwendung von Techniken aus der KVT aus der Therapie von Peter*

Therapeut: »*In dem Moment, in dem Sie so traurig wurden, was ging da genau durch Ihren Kopf? Welche Gedanken oder Bilder hatten Sie?*«

Peter: »*Ich dachte, ich werde nie wieder gesund. Ich sah mich allein in meinem Zimmer vor dem Fernseher sitzen. Draußen ist mein früheres Leben, Menschen, die arbeiten, Fußball spielen oder in der Wirtschaft Bier trinken. Ich bin nicht mehr dabei und werde nicht mehr dabei sein.*«

Therapeut: »*Wenn ich mir das so vorstelle, ist es logisch, dass Sie traurig wurden. Wie sehr sind Sie denn überzeugt, dass diese Gedanken Ihre Situation genau beschreiben?*«

Peter: »*Sehr stark, ich würde sagen zu 80 Prozent.*«

Therapeut: »*Sie sagen ›sehr stark‹, das spricht für einen hohen Grad von Überzeugung, gleichzeitig ist da ein Rest von Zweifel. Ist es o. k., wenn wir uns die Gedanken genauer ansehen und überprüfen, was für die Gedanken spricht und was dagegen? Ich würde da gerne an das Gespräch mit Ihrem Kardio-*

logen anknüpfen, von dem Sie mir in der letzten Therapiesitzung berichtet haben.«

Peter: »*Mein Kardiologe sagt, ich habe unheimlich Glück gehabt. Alle Stenosen in meinen Herzkranzgefäßen konnten durch Stents erfolgreich behandelt werden. Er sagt, ich soll anfangen, wieder zu trainieren.*«

Therapeut: »*Wie kommt es, dass Sie ihm das nicht glauben können?*«

Peter: »*Ich habe eigentlich schon Vertrauen zu ihm. In mir drinnen fühlt es sich aber völlig anders an.*«

Therapeut: »*Was ist denn die Folge des Gedankens: ›Ich werde nie wieder gesund‹?*«

Peter: »*Ich bin ganz traurig und ziehe mich zurück.*«

Therapeut: »*Ja, genau! Und was könnten Sie sich sagen, wenn Sie dem folgen, was Ihr Kardiologe sagt?*«

Peter: »*Mein Herz wird gut mit Sauerstoff versorgt, wenn ich trainiere, habe ich die Chance, mich wieder gesünder zu fühlen.*«

Therapeut: »*Sehr gut! Was halten Sie davon, mit diesem Gedanken zu experimentieren, wenn Sie das nächste Mal vor der Entscheidung stehen, in Ihrem Zimmer sitzen zu bleiben oder einen Spaziergang zu machen?*«

Kommentar: Der Fokus der Therapie liegt in diesem Abschnitt darauf, den Zusammenhang zwischen bestimmten Bewertungen und negativen Emotionen herauszuarbeiten und neue Möglichkeiten zu testen.

Behavioral Activation

Behavioral Activation (BA) geht auf die Arbeit des amerikanischen Psychologen Peter Lewinsohn zurück, der als Erster das Verstärkerverlustmodell (siehe Seite 73) in ein Behandlungsprogramm übersetzte. BA ist wissenschaftlich sehr gut fundiert. Die genaue Vorgehensweise wurde in den letzten Jahren weiter verfeinert und in mehreren Behandlungsmanualen festgehalten (Martell et al., 2015). Im Vordergrund steht jetzt Aufbau von werteorientiertem Verhalten. Das ist einerseits schwer, andererseits besonders nachhaltig.

■ *Beispiel der Anwendung von Techniken aus BA aus der Therapie von Laura*

Laura: »Für mich hat sich aus der letzten Therapiesitzung eine wichtige Frage ergeben, mit der ich gerne starten würde.«
Therapeutin: »Sehr gerne!«
Laura: »Wir haben uns ja mit meinen Werten beschäftigt. Mein Medizintechnikstudium ist für mich sehr wichtig und ich gebe ganz viel Energie hinein. Gleichzeitig ist das Studium für mich eine Quelle von vielen unangenehmen Gefühlen: Ich schäme mich, weil ich so langsam verstehe und lerne. Ich würde mich am liebsten vor den anderen verstecken. Ich habe mich so auf das Studium gefreut und jetzt bin ich oft total traurig.«
Therapeutin: »Das ist ein sehr wichtiges Thema und wir sollten uns genau ansehen, wie das kommt. Ich würde vorschlagen, wir betrachten das aus verschiedenen Perspektiven. Können Sie mir zuerst sagen, was genau das Studium so wichtig macht? Was passiert, wenn Sie sich mit Medizintechnik beschäftigen?«
Laura: »Das löst bei mir ein Gefühl von Faszination aus. Ich interessiere mich beispielsweise für Beatmungsgeräte. Da stecken ganz viele technische Details drinnen, die es ermöglichen, dass Patienten schwere Erkrankungen überleben. Ich möchte das verstehen, mit den Geräten umgehen lernen und vielleicht an der Weiterentwicklung mitarbeiten. Das hat dann auch damit zu tun, dass ich anderen Menschen gerne etwas Gutes tue.«

Therapeutin: »Das ist spannend und Sie stellen auch gleich die Beziehung zu einem weiteren Wert her. Gehen wir mal ins Gegenteil: Was würde denn passieren, wenn Sie das Studium aufgeben?«

Laura: »Dann wäre mir langweilig. Ich hätte nicht das Gefühl, das zu tun, was mir wichtig ist.«

Therapeutin: »Nun schildern Sie aber, dass Studieren zu einem unangenehmen Gefühl von Scham führt.«

Laura: »Na ja, das kommt auch nicht von den Inhalten des Studiums.«

Therapeutin: »Was ist Ihre Erklärung?«

Laura: »Ich vergleiche mich ständig mit den anderen. Da schneide ich dann schlecht ab.«

Therapeutin: »O.K., das ist ein wichtiger Perspektivwechsel. Es sind nicht die Inhalte des Studiums selbst. Es ist das sich Vergleichen, das zu der emotionalen Belastung führt. Das müssen wir sehr ernst nehmen.«

Laura: »Das war schon in meiner Schulzeit so. Ich habe mich immer verglichen und dabei schlecht abgeschnitten. Ich bin ja von zu Hause viel weniger gefördert worden als die anderen.«

Therapeutin: »Ja, das ist in einer langen Vorgeschichte verankert. Das Problem, das wir lösen müssen, ist, dass Studieren Sie fortlaufend mit den emotionalen Konsequenzen von Vergleichsprozessen in Kontakt bringt. Ich würde vorschlagen, dass wir hier zusammen nach neuen Möglichkeiten suchen.«

Kommentar: Laura erlebt eine für Patienten mit Depression typische Schwierigkeit in der Umsetzung von werteorientiertem Handeln. Die Therapeutin unterstützt sie dabei, die Zusammenhänge differenziert zu betrachten und dann Problemlösungen zu suchen.

Cognitive Behavioral Analysis System of Psychotherapy (CBASP)

CBASP wurde von dem amerikanischen Psychologen James P. McCullough entwickelt. CBASP stellt Fertigkeitendefizite im sozial-kognitiven Bereich in den Mittelpunkt und unterstützt die Patienten dabei, bessere Fertigkeiten dabei zu entwickeln, die Konsequenzen von Verhalten zu antizipieren und dadurch interpersonelle Ziele besser zu erreichen. CBASP ist gut evidenzbasiert und in mehreren Manualen genau beschrieben (Klein & Belz, 2014).

■ Anwendung von Techniken aus CBASP aus einer Therapiesitzung von Laura

Laura: »Ich habe eine Situation mitgebracht, die ich vorgestern an der Uni erlebt habe und auf mein Arbeitsblatt geschrieben habe.«

Therapeutin: »Erzählen Sie mir. Was ist in der Situation genau passiert?«

Laura: »Ich habe Stefan getroffen. Er ist mit mir in dem Seminar Regelungstechnik. Er ist auf mich zugegangen und hat mich gefragt, wie es mir geht. Ich habe dann so ein bisschen darüber geklagt, wie schwer das Seminar ist und dass ich den Eindruck habe, dass die Unterlagen nicht gut ausgearbeitet sind. Stefan hat sich das eine Zeit lang angehört und hat dann plötzlich Tschüss gesagt und ist gegangen.«

Therapeutin: »Wie haben Sie die Situation für sich ausgewertet?«

Laura: »Ich habe zwei Sätze aufgeschrieben: 1) Stefan denkt, ich kapiere das nicht. 2) Stefan interessiert sich nicht wirklich für mich.«

Therapeutin: »Wie haben Sie sich in der Situation verhalten?«

Laura: »Ich habe viel geredet, aber nicht das gesagt, was ich wollte.«

Therapeutin: »Wie ist die Situation für Sie ausgegangen? Was war das tatsächliche Ergebnis?«

Laura: »Stefan hat Tschüss gesagt.«

Therapeutin: »Wie hätten Sie gewünscht, dass die Situation für Sie ausgeht?«

Laura: »Ich habe mir gewünscht, dass Stefan mir vorschlägt, dass wir uns gemeinsam auf die Prüfung vorbereiten. Er kann sehr klar denken und ich könnte etwas von ihm lernen.«

Therapeutin: »Haben Sie hier erreicht, was Sie wollten?«

Laura: »Ganz klar, nein!«

Therapeutin: »Warum nicht?«

Laura: »Ich habe ihn nicht gefragt, ob wir uns zusammen vorbereiten könnten. Ich habe gehofft, dass die Initiative von ihm kommt.«

Therapeutin: »Können wir noch einmal zu Ihrem erwünschten Ergebnis zurückkommen. Auf Ihrem Arbeitsblatt steht: Stefan schlägt mir vor, die Prüfung gemeinsam vorzubereiten. War das in der Situation erreichbar?«

Laura: »Leider nur durch Zufall. Stefan hat mich noch nie gefragt und ich habe ihn nicht darauf angesprochen.«

Therapeutin: »Richtig, ich glaube wir brauchen ein neues erwünschtes Ergebnis, das erreichbar oder realistisch ist.«

Laura: »Ich weiß schon, worauf Sie hinauswollen. Die Wahrscheinlichkeit von Erfolg ist größer, wenn ich meinen Wunsch, mit ihm zusammen die Prüfung vorzubereiten, aktiv selbst anspreche.«

Therapeutin: »Ja genau, dann würde ich vorschlagen, dass Sie in Ihrem Arbeitsblatt diese Veränderung vornehmen. Darf ich einen Schritt in der Überarbeitung weitergehen? In Ihrer ersten Interpretation sagten Sie: ›Stefan denkt, ich kapiere das nicht.‹ Ist diese Interpretation denn in der Situation verankert?«

Laura: »Das war mein Gedanke. Ich habe Stefan nicht gefragt. Ich habe ihn auch nie schlecht über jemanden reden hören.«

Therapeutin: »*Wenn wir die Kriterien von CBASP anlegen, dann müssen wir das wohl streichen. Jetzt zur zweiten Interpretation. Sie sagten:* ›*Stefan interessiert sich nicht wirklich für mich.*‹ *Ist diese Interpretation denn in der Situation verankert?*«

Laura: »*Das war mein Gedanke in dem Moment, als er wegging. Eigentlich hat er mich angesprochen. Ich habe noch gar nicht getestet, ob er sich für mich interessiert.*«

Therapeutin: »*Dann gilt das Gleiche wie bei der ersten Interpretation. Welchen Gedanken, welchen Satz bräuchten Sie denn, um zum Handeln überzugehen, um eine Chance zu haben, zu bekommen, was Sie sich wünschen?*«

Laura: »*Ich muss sagen:* ›*Stefan, ich würde mich gerne mit Dir zusammen auf die Prüfung vorbereiten!*‹«   ■

Kommentar: Laura hat eine für Patienten mit Depression typische Schwierigkeit in der Planung von zwischenmenschlichem Verhalten. Sie folgt Wunschdenken und wirkt dadurch für andere möglicherweise desinteressiert. Die Therapeutin unterstützt sie dabei, eine klügere, direktere Strategie zu wählen.

Metakognitive Therapie (MCT)

MCT wurde von dem englischen Psychologen Adrian Wells entwickelt. MCT geht davon aus, dass psychische Störungen häufig durch ein kognitives Aufmerksamkeitssyndrom entstehen. Dieses Syndrom hat die Elemente Sorgen und Grübeln, Bedrohungsmonitoring und ungünstige Bewältigungsstrategien wie beispielsweise Gedankenunterdrückung. MCT unterstützt die Patienten dabei, bessere metakognitive Fertigkeiten und Flexibilität im Umgang mit Denken zu entwickeln. MCT ist gut evidenzbasiert und in einem Manual genau beschrieben (Wells et al., 2011).

■ *Anwendung von Techniken aus der MCT in einer Therapiesitzung mit Peter*

Peter: »Ich kann vor Sorgen fast gar nicht mehr schlafen. Das kann nicht so weitergehen.«

Therapeut: »Was ist das Schlimmste, was passieren kann, wenn Sie sich weiter Sorgen machen?«

Peter: »Ich könnte noch einmal einen Herzinfarkt bekommen. Ich könnte so schlimm psychisch krank werden, dass ich wieder in die Klinik muss. Ich mache mir Sorgen wegen der Sorgen.«

Therapeut: »Können Sie die Sorgen irgendwie steuern?«

Peter: »Eigentlich nein. Das überfällt mich und ist ganz besonders schlimm in Momenten, in denen ich mir sage: ›Jetzt entspann Dich.‹«

Therapeut: »Sind Ihre Sorgen denn auch zu irgendetwas gut?«

Peter: »In meiner Lage wäre es komisch, sich keine Sorgen zu machen. Meine Gesundheit ist in Gefahr und ich versuche mich zu schützen, indem ich mir Gedanken mache.«

Therapeut: »O.K., einerseits denken Sie, dass Sorgen erforderlich sind, um Sicherheit zu schaffen, andererseits sind sie etwas Bedrohliches, das Sie krank und verrückt machen kann. Ich würde Sie gerne einladen, mit mir eine Reihe von Experimenten und Übungen zu machen, um herauszufinden, was es mit den Sorgen wirklich auf sich hat.« ■

Kommentar: Peter hat für Patienten mit Depression typische metakognitive Überzeugungen über Sorgen und Grübeln. Der Therapeut arbeitet diese Überzeugungen heraus. Dies ist der Auftakt für eine Reihe von Verhaltensexperimenten und Übungen wie Aufmerksamkeitstraining und Detached Mindfulness, die Peter dabei unterstützen, mit Sorgen anders umzugehen.

Was bei Depression hilft: Therapieangebote und Settings

Behandlung beim Allgemeinarzt

Wenn Sie einen Hausarzt haben, ist es naheliegend, zuerst zu ihm zu gehen und sich mit ihm zu beraten. Ihr Hausarzt hat vermutlich alle Informationen über Ihre körperliche Gesundheit und kann deshalb die Behandlung einer körperlichen Erkrankung und einer Depression gut abstimmen. Er kann Sie bezüglich antidepressiver Therapie beraten, die Medikamente verschreiben, Kontraindikationen überprüfen und verfügt vermutlich über ein Netzwerk, das ihm ermöglicht, einen Psychotherapeuten für Sie zu finden.

Ambulante Behandlung beim Facharzt für Psychiatrie oder Psychosomatische Medizin

Fachärzte für Psychiatrie oder Psychosomatische Medizin sind speziell darin ausgebildet, Depression zu diagnostizieren, den Schweregrad und den Subtyp zu bestimmen. Sie haben viel Erfahrung in der präzisen Anwendung von Psychopharmaka. Sie sind auch besonders trainiert, Komorbidität mit weiteren psychischen Störungen zu erkennen und zu behandeln. Fachärzte für Psychiatrie oder Psychosomatische Medizin bieten entweder selbst auch Psychotherapie an oder sie arbeiten in einem Netzwerk mit Psychotherapeuten zusammen.

Ambulante Behandlung beim psychologischen Psychotherapeuten

Psychologische Psychotherapeuten sind ebenfalls speziell darin ausgebildet, Depression zu diagnostizieren, den Schweregrad und den Subtyp zu bestimmen sowie Komorbiditäten zu erkennen. Sie haben einen Schwerpunkt in der Behandlung von Depression mit psychologischen Methoden. Psychologische Psychotherapeuten haben eine ähnlich intensive Ausbildung wie Fachärzte. Da es sehr viel mehr psychologische Psychotherapeuten als Fachärzte für Psychiatrie oder Psychosomatische Medizin gibt, wird der größte Anteil der Psychotherapie in Deutschland von dieser Berufsgruppe durchgeführt. Die Berufsbezeichnungen »Psychotherapeut« und »Psychologischer Psychotherapeut« sind in Deutschland, Österreich und der Schweiz gesetzlich geschützt. Psychologische Psychotherapeuten arbeiten ambulant sowohl in Einzelpraxen, Gruppenpraxen oder Ambulanzen, die von Kliniken, Ausbildungsinstituten oder Universitäten betrieben werden.

Stationäre Behandlung in einer psychiatrischen Klinik

Stationäre Behandlung in einer Klinik für Psychiatrie und Psychotherapie ist angezeigt, wenn Sie eine depressive Erkrankung mit sehr hohem Schweregrad haben. Die Behandlung findet dort durch ein multiprofessionelles Team unter Aufsicht von sehr erfahrenen Fachärzten statt. Insbesondere die universitären psychiatrischen Kliniken haben oft Spezialstationen für Patientinnen und Patienten mit Depression. Nach einer stationären Behandlung kann häufig eine Weiterbehandlung über eine psychiatrische Institutsambulanz erfolgen. Eine wichtige Besonderheit ist, dass psychiatrische Kliniken im Regelfall auch über beschützte Stationen verfügen, sodass auch suizidale Patienten behandelt werden können. Weiterhin sind die beschriebenen Elektrostimulationsverfahren typischerweise nur in psychiatrischen Kliniken verfügbar. Die Behandlung in einer psychiatrischen Klinik ist in unserer Gesellschaft durch ein Stigma belastet. Die Vorurteile, die gegen Patienten mit psychischen Störungen, die Orte ihrer Behandlung und gegen Psychiater gerichtet sind, können eine innere Barriere schaffen, die verhindert, sich rechtzeitig in Behandlung zu begeben. Wir empfehlen: Holen Sie sich bei einer ernsten Erkrankung sofort Hilfe an der richtigen Stelle. Psychiatrische Kliniken sind der richtige Ansprechpartner, wenn Depression ein potenziell lebensbedrohlicher Zustand ist.

Stationäre Behandlung in einer psychosomatischen Klinik

Stationäre Behandlung in einer Klinik für Psychosomatische Medizin und Psychotherapie ist angezeigt, wenn ambulante Behandlung nicht ausreicht, ein mittlerer bis hoher Schweregrad vorliegt, aber keine Suizidalität vorliegt. Auch hier findet die Behandlung durch ein multiprofessionelles Team unter der Aufsicht von erfahrenen Fachärzten oder Psychologischen Psychotherapeuten statt. Viele Kliniken haben Spezialprogramme für Patienten mit Depression. Kliniken für Psychosomatische Medizin sind manchmal besonders geeignet, wenn gleichzeitig körperliche Erkrankungen eine wichtige Rolle spielen. Viele psychosomatische Kliniken bieten Sportprogramme und Ernährungsprogramme an, die besonders nützlich sind, wenn eine Veränderung der Lebensführung ein wichtiger Teil der Behandlung ist, man beispielsweise sehr viel mehr Bewegung in seinen Alltag integrieren möchte.

Einzeltherapie

Einzeltherapie ermöglicht eine individuelle Diagnostik und Problemanalyse. Der Patient hat die ungeteilte Aufmerksamkeit des Therapeuten. Die geschützte Atmosphäre erlaubt es, auch sehr intime oder sehr schambesetzte Dinge zu besprechen.

Gruppentherapie

Die Schwelle, in Gruppentherapie zu gehen, ist möglicherweise etwas höher als bei Einzeltherapie. Einer einzelnen Fachperson Offenheit und Vertrauen entgegenzubringen ist einfacher als einer Gruppe. Andererseits versteht man wichtige Zusammenhänge bei psychischen Störungen sehr viel einfacher am Beispiel anderer als am eigenen Beispiel. Experte in eigener Sache zu werden, ist folglich in Gruppen einfacher. Man fühlt sich als Patient auch weniger einsam, wenn deutlich wird, dass viele andere Menschen in einer ähnlichen Lebenssituation sind. In der Einzeltherapie sitzt man als einziger Kranker einem Gesunden gegenüber. So scheint es jedenfalls. In der Gruppe sind die Kranken die Mehrheit. Es wird schnell deutlich, dass Probleme und Leiden etwas Universelles sind (Sipos & Schweiger, 2018, 2019).

Kombination von Einzel- und Gruppentherapie

Psychiatrische Kliniken mit Spezialstationen und psychosomatische Kliniken setzen häufig die Kombination von Gruppentherapien und Einzeltherapien ein. Dies ermöglicht, die Vorteile beider Therapiesettings zu verbinden und eine möglichst intensive und effektive Behandlung zu erreichen.

■ Anwendung der Kombination von Einzel- und Gruppentherapie bei Laura

Laura wird in den Semesterferien in einer psychosomatischen Klinik behandelt. Die Klinik hat eine Spezialstation für Patienten mit depressiven Störungen und bietet in diesem Rahmen neben anderen Therapiebausteinen pro Woche eine Sitzung Einzeltherapie und zwei Doppelstunden Gruppentherapie an. Am Ende fasst Laura mit ihrer Therapeutin die gesammelten Erfahrungen zusammen: Ich hatte zunächst große Bedenken, in die Gruppentherapie zu gehen. Ich habe befürchtet, dass es ist wie in einem Seminar an der Uni. Die anderen reden. Ich traue mich nicht, etwas zu sagen, versuche mich so zu verhalten, dass ich unsichtbar bin. Am Ende denke ich dann, dass es eigentlich Zeitverschwendung war und ich nicht das bekommen habe, was ich brauche. Es ist aber ganz anders gekommen. Die Therapeutin hat uns alle einbezogen. Sie hat mich unterstützt, um meine Scham, dumm dazustehen, abzubauen. Ich habe dann angefangen, ganz offen über meine Schwierigkeiten zu reden und habe bei vielen Rollenspielen und Übungen mitgemacht. Einer der wichtigen Punkte, die ich mitnehme, ist, dass ich mit dem Thema Scham nicht allein bin und dass viele Mitpatientinnen sich dadurch in ähnlicher Weise haben lähmen lassen. Ich weiß auch, dass ein Problem erkennen noch nicht bedeutet, dass ich es bewältigt habe. Ich werde auch weiter sehr viel üben müssen. Die Einzeltherapie habe ich genutzt, um sehr persönliche Themen vorzubringen. Wenn mir das Feedback der anderen wichtig war, habe ich meine Themen sowohl in der Einzeltherapie wie in der Gruppe vorgebracht.

Paartherapie

Das Verhalten des Partners spielt eine wesentliche Rolle für den Verlauf und die Behandlung einer depressiven Störung. Partner können beispielsweise Vermeidungsverhalten unterstützen oder sich an Grübelprozessen beteiligen. Sie können aber auch werteorientiertes Handeln mittragen, gemeinsam mit dem Patienten bessere Emotionsregulation oder günstige Kommunikationsstrategien üben. Die Einbeziehung des Partners ist deshalb eine wichtige Möglichkeit der Therapiegestaltung.

Anwendung von Paartherapie bei Peter

Peters Frau Maria reagiert auf den Herzinfarkt ihres Mannes mit ausgeprägten Sorgen. Sie sagt oft: »Ich mache mir ja solche Sorgen um dich!« Bei einigen Gesprächen mit den Ärzten war sie dabei gewesen. Sie konnte den Optimismus der Kardiologen nicht teilen, da sie ja jeden Tag sah, dass Peter offensichtlich weiter krank war. Die Botschaft, die sie am besten versteht, ist: »Es ist wichtig, Stress zu vermeiden.« Sie ermahnt Peter häufiger, ruhig sitzen zu bleiben, und übernimmt Einkäufe und Arbeiten im Haus, die er früher erledigt hatte. Als Dr. Meier, sein Therapeut, bemerkt, dass Peter der Aufbau von werteorientierten Aktivitäten schwerfällt, schlägt er vor, Maria über mehrere Therapiesitzungen miteinzubeziehen. Sie gehen zu dritt noch einmal durch, was Depression aufrechterhält, insbesondere wie Grübeln und Vermeidungsverhalten schlechte Stimmung letztlich aufrechterhalten. Sie gehen durch, welche gemeinsamen Aktivitäten von beiden als sinnhaft und befriedigend empfunden wurden. Hieraus ergibt sich eine kleine Liste, die von einem gemeinsamen Besuch auf einem Volksfest, gemeinsamem Kochen bis zum Besuch eines älteren, an Demenz erkrankten Familienmitglieds reicht. Bei der Auswertung der Aktivitäten, einige Wochen später, berichtet Peter, dass es für ihn sehr viel leichter ist, gemeinsam etwas zu tun, da er es dann nicht aufschiebt. Weiterhin beobachtet er, dass Grübeln und Sorgen während gemeinsamer Aktivitäten viel geringer sind. Maria berichtet, dass es ihr sehr schwerfällt, nicht mehr zu sagen: »Ich mache mir solche Sorgen um dich!« Peter antwortet: »Du sagst jetzt immer ›Ich bin ja so froh, dass ich dich habe!‹. Ich finde das viel schöner.«

Zusammenfassung und Ausblick

Depression hat viele Gesichter und einen individuell sehr unterschiedlichen Kontext. Der erste Schritt in der Bewältigung von Depression ist Antworten auf folgende Fragen zu erhalten: Leide ich an einer Depression? Wie ist der Schweregrad? Wie ist die Verlaufsform? Liegt ein spezifischer Subtyp vor? Gibt es wesentliche komorbide psychische oder medizinische Erkrankungen? Was ist mein persönlicher Kontext der Erkrankung? Der zweite Schritt ist, auszuwählen und herauszufinden: Welche Wirkprinzipien kann ich einsetzen, um wieder zu einem erfüllten Leben zurückzukehren? Was kann ich in Selbsthilfe tun? Wer kann mich behandeln? Welches Setting ist für mich geeignet? Ein dritter Schritt ist möglicherweise: Was kann ich tun, wenn die erste Behandlung nicht funktioniert? Was sind sinnvolle weitere Wirkprinzipien, die ich einsetzen kann?

Sie haben bei der Lektüre vermutlich bemerkt, dass Depressionsbehandlung ein Bereich der Medizin und der Psychologie ist, der sich in deutlicher Bewegung befindet. Die wichtigste Idee der letzten 20 Jahre ist dabei sicherlich, dass psychologische Fertigkeitendefizite eine wesentliche Rolle in der Entstehung und Aufrechterhaltung von Depression spielen können. Dies ist eine Erkenntnis, die sich jeder Betroffene unmittelbar zunutze machen kann. Fertigkeiten lassen sich erwerben und üben, auch wenn das manchmal sehr schwer ist. Das ist ein wesentlicher Faktor für Hoffnung und tatsächlich lässt sich Depression durch Einsatz dieser Wirkprinzipien häufig erfolgreich behandeln. Wenn Sie zu den Betroffenen gehören, geben Sie nicht auf, suchen Sie nach dem, was Ihnen persönlich hilft.

Depression wird auch in den nächsten Jahrzehnten ein wichtiges Thema für Grundlagenforscher und Therapieentwickler bleiben. Wir sind sicher, dass diese Reise noch lange nicht zu Ende ist und immer wieder neue Dinge erbringen wird, die zum Wohlergehen von Menschen mit einer depressiven Erkrankung beitragen können.

Danksagung

Dieses Buch beruht auf mehreren Jahrzehnten Arbeit mit unseren Patientinnen und Patienten an zahlreichen Kliniken wie dem Max-Planck-Institut für Psychiatrie in München, der Fachklinik Furth im Wald, der Psychosomatischen Klinik Roseneck in Prien am Chiemsee, der Universität zu Lübeck und zuletzt am Helios Hanseklinikum in Stralsund. Wir bedanken uns deshalb bei allen Patientinnen und Patienten für den Erfahrungsschatz, den wir mit ihnen teilen durften und den wir hier in kleinen Ausschnitten an die Leser weitergeben.

Eine wichtige Quelle der Inspiration waren unsere vielen Begegnungen mit Therapieforschern und Therapieentwicklern in Workshops, Seminaren und Kongressen, die beispielsweise von der European Association for Behavioural and Cognitive Therapy oder der Association for Contextual Behavioral Science veranstaltet werden. Hieraus haben sich vielfältige Kooperationen ergeben, deren Ergebnisse in dieses Buch eingeflossen sind.

Wir hatten das Glück, an allen unseren beruflichen Stationen mit ganz hervorragenden Stations- und Ambulanzteams zusammenzuarbeiten. Besonders die Ausbildung von jungen Psychologinnen und Psychologen, Ärztinnen und Ärzten war uns immer eine Herzensangelegenheit. Wir haben dafür so viel zurückbekommen. Vielen Dank dafür!

Ganz besonderer Dank gilt auch unseren Familien: Müttern, Vätern, Onkeln und Tanten, Geschwistern, Partnern, biologischen und geistigen Kindern, Enkelkindern und dem großen schwarzen französischen Schäferhund: Katalina, Elfriede, Sandor, Hermann, Veronka, Elisabeth, Maria, Angelika, Max, Gertrud, Monika, Albert, Martin, Marion, Janina, Julietta,

Jonathan, Andreas, Urs, Clara, Arthur, Theodor. Ihr ward und seid ein Schatz und habt alle indirekt oder direkt zu diesem Buch beigetragen.

Wir danken auch allen, die direkt mit der Entstehung dieses Buches etwas zu tun hatten: Stefan Linde, Timo Heeg, Nadja Isabel Juckel und Anna Egger. Vielen Dank für Ihre Geduld und die hervorragende Beratung.

Literatur

APA (2010). Practice Guideline for the Treatment of Patients with Major Depressive Disorder. https://www.psychiatry.org/psychiatrists/practice/clinical-practice-guidelines

Barrett, L. F. (2017). How Emotions are made. Houghton Mifflin Harcourt.

Bundesärztekammer (BÄK), K. B. K., Arbeitsgemeinschaft der Wissenschaftlichen Medizinischen Fachgesellschaften (AWMF). (2016). Patientenleitlinie zur S3-Leitlinie/Nationalen VersorgungsLeitlinie »Unipolare Depression«. www.depression.versorgungsleitlinien.de

Cipriani, A., Furukawa, T. A., Salanti, G., Chaimani, A., Atkinson, L. Z., Ogawa, Y., Leucht, S., Ruhe, H. G., Turner, E. H., Higgins, J. P. T., Egger, M., Takeshima, N., Hayasaka, Y., Imai, H., Shinohara, K., Tajika, A., Ioannidis, J. P. A., & Geddes, J. R. (2018). Comparative efficacy and acceptability of 21 antidepressant drugs for the acute treatment of adults with major depressive disorder: a systematic review and network meta-analysis. Lancet, 391(10128), 1357–1366.

DGPPN, B., KBV, AWMF (Hrsg.) für die Leitliniengruppe Unipolare Depression. (2015). S3-Leitlinie/Nationale VersorgungsLeitlinie Unipolare Depression – Langfassung. www.depression.versorgungsleitlinien.de

Falkai, P., & Wittchen, H. U. (2015). Diagnostisches und Statistisches Manual Psychischer Störungen DSM-5. Hogrefe.

Hautzinger, M. (2013). Kognitive Verhaltenstherapie bei Depressionen. Beltz.

Hayes, S. C., Strohsahl, K. D., & Wilson, K. G. (2016). Acceptance and Commitment Therapy. Guilford.

Klein, J. P., & Belz, M. (2014). Psychotherapie chronischer Depression. Praxisleitfaden CBASP. Hogrefe.

Martell, C. R., Dimidjian, S., Herman-Dunn, R., Winter, L., Kahl, K. G., Sipos, V., & Schweiger, U. (2015). Verhaltensaktivierung bei Depression: Eine Methode zur Behandlung von Depression. Kohlhammer.

NICE (2020). Depression in adults: recognition and management. https://www.nice.org.uk/guidance/cg90

Peters, A., & McEwen, B. S. (2015). Stress habituation, body shape and cardiovascular mortality. Neurosci Biobehav Rev, 56, 139–150.

Sipos, V. & Schweiger, U. (2018). Gruppentherapie: Ein Handbuch für die ambulante und stationäre verhaltenstherapeutische Praxis. Kohlhammer.
Sipos, V. & Schweiger, U. (2019). Gruppentherapie. Hogrefe.
Wells, A., Schweiger, U., Schweiger, J., Korn, O., Hauptmeier, M., & Sipos, V. (2011). Metakognitive Therapie bei Angst und Depression. Beltz.
Weltgesundheitsorganisation, Dilling, H., Mombour, W., & Schmidt, M. H. (1991). Internationale Klassifikation psychischer Störungen, ICD 10. Hans Huber.